Quatrième partie :
   Au château de Pire Aventure 134
   Le combat contre Gauvain 147
   Le retour à la fontaine 160
Pause lecture 4 : Yvain ou le parfait chevalier 167

Questions sur *Yvain, le Chevalier au lion* 172

Après la lecture

- **Genre :** L'invention du roman 176
- **Thème :** L'amour courtois 178

Autre lecture

- Chrétien de Troyes, *D'Amour qui m'a ravi à moi-même* 183

À lire et à voir aussi 186
Lexique 188

Dossier central images en couleurs

Yvain arrivant chez le vavasseur. Miniature à la peinture extraite du manuscrit *Yvain, le Chevalier au lion*, vers 1320-1330. BnF, Paris.

Avant la lecture

- Qui êtes-vous, Chrétien de Troyes ?.. 6
- La France au XIIe siècle 8
- L'équipement du chevalier 11
- Qui sont les personnages ? 12

Qui êtes-vous, Chrétien de Troyes ?

D'où vient votre nom ?

Je suis né vers 1135 et **j'ai longtemps vécu à Troyes**, en Champagne. Si mon nom est connu aujourd'hui, c'est parce que j'ai signé mes romans, contrairement à la plupart des écrivains de mon époque. Sinon je serais resté un illustre inconnu ! Vous savez, au Moyen Âge, le métier d'écrivain n'existait pas et très peu de gens savaient lire.

> « *Mes romans sont lus en public et à haute voix.* »

Mais alors, quelle est votre profession ?

Je suis **un clerc**, c'est-à-dire un homme d'église qui est instruit : je sais lire, écrire et parler le latin. J'ai étudié les auteurs anciens, surtout latins, comme Cicéron, Virgile et Ovide. J'ai aussi suivi une formation scientifique. Je suis en quelque sorte un intellectuel !

Comment écrivez-vous vos romans ?

J'écris en ancien français et en vers. Comme tous les écrits de mon époque, mes romans sont lus en public. L'imprimerie n'existe pas et les livres sont rares et très précieux. Ils sont recopiés par des moines appelés copistes qui n'hésitent pas à modifier certains passages ! Heureusement, j'ai protégé mes textes en les signant. Néanmoins, tous mes manuscrits originaux ont disparu.

Qui vous a poussé à écrire *Yvain, le Chevalier au lion* ?

J'ai vécu **dans les cours de grands seigneurs** où j'ai découvert la poésie des troubadours et la légende du roi Arthur. Lorsque mes protecteurs m'ont demandé d'écrire pour eux, je ne me suis pas contenté de développer des histoires anciennes ; j'en ai raconté de

Avant la lecture

nouvelles, où l'amour tient une place importante. Avec *Yvain*, j'ai répondu à une **demande de Marie, comtesse de Champagne** (1145-1198), fille d'Aliénor d'Aquitaine et épouse d'Henri le Libéral, homme de grande culture.

Êtes-vous le premier romancier français ?

Tout dépend de la définition que l'on donne du roman. Si on le réduit à une œuvre rédigée en langue romane (c'est-à-dire en langue du peuple, par opposition au latin qui est la langue des clercs), je ne suis pas l'inventeur du genre. Mais, si on en fait le récit d'apprentissage d'un héros qui s'initie à l'amour, alors je peux affirmer sans fausse modestie être **le premier romancier français**. De plus, les autres auteurs de mon temps n'ont écrit qu'une seule œuvre majeure, alors que j'ai rédigé **la première saga française !** À travers mes cinq grands romans (dont *Yvain*, *Lancelot* et *Perceval*), j'ai célébré et modernisé les valeurs de la chevalerie.

Quelles sont vos sources d'inspiration ?

J'ai deux principales sources d'inspiration. Tout d'abord, j'ai puisé dans la « **matière de Bretagne** », ensemble de légendes celtes (Écosse, Irlande, Pays de Galles et Cornouailles) composées autour du **légendaire roi Arthur**, qui célèbrent les vertus de vaillants chevaliers dans un monde où réel et merveilleux se côtoient. Je me suis aussi inspiré de **l'amour courtois** chanté par les troubadours du XIIe siècle : en se mettant **au service de sa dame**, mon héros gagne ainsi une dimension humaine et affective.

« *J'ai célébré et modernisé les valeurs de la chevalerie.* »

Quelle leçon tirer de l'ensemble de votre œuvre ?

J'ai donné ses lettres de noblesse au roman de chevalerie en montrant qu'il ne suffit pas de savoir se battre pour être un homme accompli. Il faut aussi savoir aimer et se faire aimer. ■

On ne connaît pas la date exacte de la mort de Chrétien de Troyes, sans doute vers 1185.

La France au XIIᵉ siècle

◆ Un roi et de puissants seigneurs

Au XIIᵉ siècle, à l'époque où Chrétien de Troyes écrit ses romans, la France ne ressemble pas à celle d'aujourd'hui. C'est **un petit royaume autour de Paris**, qui s'étend de Compiègne à Orléans. Les territoires voisins (la Bourgogne, l'Aquitaine, la Champagne où vécut Chrétien de Troyes, etc.) sont gouvernés par des vassaux du roi, seigneurs qui lui jurent fidélité mais qui, en réalité, menacent son pouvoir. Car si **Louis VII** – dont le règne débute en 1137 – est, en théorie, le suzerain suprême, il s'avère en réalité moins riche et moins puissant que ses vassaux.

Son principal rival est Geoffrey Plantagenêt, comte d'Anjou et du Maine, qui devient, après des années de conquêtes, duc de Normandie en 1144. Son fils **Henri Plantagenêt épouse Aliénor d'Aquitaine** en 1152 (elle vient de divorcer de Louis VII) et obtient par ce mariage le Poitou et l'Aquitaine. Poursuivant son ambition Outre-Manche, il devient **roi d'Angleterre en 1154** et prend le titre d'Henri II. Son territoire va dorénavant des Pyrénées à l'Écosse.

> « *La France du XIIᵉ siècle ne ressemble pas à celle d'aujourd'hui.* »

| Fin du XIᵉ siècle : *La Chanson de Roland* | 1135 (?) : Naissance de Chrétien de Troyes | 1160-1175 : Marie de France, *Lais*
 1163 : Début de la construction de Notre-Dame de Paris | 1176-1181 : Chrétien de Troyes, *Lancelot, le Chevalier à la charrette*, *Yvain, le Chevalier au lion* |

RÈGNE DE LOUIS VI LE GROS 1108 — 1137 **RÈGNE DE LOUIS VII LE JEUNE**

1154-1189 : Henri II, roi d'Angleterre
1144 : Geoffrey de Plantagenêt, duc de Normandie

8 | Avant la lecture

Avant la lecture

Louis VII réussit toutefois à imposer son pouvoir jusqu'à la fin de son règne. Son fils **Philippe Auguste**, qui lui succède en 1180, continuera à renforcer la royauté. Il triomphera de Richard Cœur de Lion et de Jean Sans Terre, les fils d'Henri II, et, à **la bataille de Bouvines en 1214**, reprendra la Normandie et une bonne partie des terres des Plantagenêt.

◆ **La société féodale**

Au XIIe siècle, la société féodale est **organisée en trois classes** : ceux qui prient (les gens d'Église, comme Chrétien de Troyes), ceux qui travaillent (les paysans, soit 90 % de la population) et ceux qui combattent (les seigneurs). Ce dernier groupe est le plus prestigieux car il protège les deux autres ; c'est celui qui est le plus représenté dans *Yvain*, comme dans la plupart des textes de l'époque, et pour cause : c'est à un public de seigneurs que ce roman s'adressait.

Il existe aussi **une hiérarchie parmi les seigneurs**. En effet, ils sont liés entre eux par des droits et des devoirs réciproques qui sont contractés au cours d'une cérémonie officielle, **l'hommage** : en échange d'un fief (des terres le plus souvent), le vassal jure fidélité et solidarité à son suzerain, seigneur plus puissant que lui. Le vassal peut donc posséder des chevaux et des armes, mais doit aider son suzerain si celui-ci le lui demande, la félonie (ou trahison) étant considérée comme un crime majeur.

« *Le vassal jure fidélité et solidarité à son suzerain.* »

| 1181-1185 : Chrétien de Troyes, *Perceval, le Conte du Graal* | 1185 (?) : Mort de Chrétien de Troyes |
| | 1187 : Béroul, *Tristan* |

1180 — **RÈGNE DE PHILIPPE AUGUSTE** — 1223

1189 : Richard Cœur de Lion devient roi d'Angleterre | 1214 : victoire de Bouvines

Yvain, le Chevalier au lion

◆ La chevalerie

Un chevalier c'est, au sens premier du terme, **un soldat combattant à cheval**. Composée de guerriers « professionnels », la chevalerie est née pour répondre aux besoins des seigneurs de se protéger et d'imposer leur pouvoir face aux autres seigneurs. Quand ils ne combattent pas, les chevaliers pratiquent la chasse et participent à des tournois, ces deux activités étant considérées comme des entraînements à la guerre.

> « *La chevalerie a ses rites et ses valeurs.* »

La chevalerie évolue progressivement au Moyen Âge jusqu'à devenir **un ordre héréditaire** : on devient chevalier de père en fils. La chevalerie a **ses rites** (comme la cérémonie d'adoubement, au cours de laquelle on devient chevalier) et **ses valeurs** : vaillance, respect de la parole donnée, défense des faibles et des opprimés. Cet idéal chevaleresque a été une source d'inspiration pour nombre d'écrivains, à commencer par Chrétien de Troyes.

◆ La société courtoise

Au XIIe siècle, **un nouvel art de vivre**, plus raffiné, se répand. Un nouvel idéal se dessine pour le chevalier qui ne doit pas seulement être un guerrier courageux, mais se montrer aussi généreux, respectueux de sa dame, raffiné dans ses manières et ses sentiments. Ce sont les **vertus « courtoises »**, c'est-à-dire propres à la vie de cour. Le « service » d'amour est le reflet de la société féodale : la dame exerce sa suzeraineté sur l'homme qui s'engage à lui être **fidèle et soumis**.

Chrétien de Troyes a vécu à la cour de Champagne, qui a beaucoup contribué au développement de l'idéal courtois. Il commence d'ailleurs son roman *Lancelot, le Chevalier à la charrette* par ces mots : « Puisque ma dame de Champagne désire que j'entreprenne un roman, je le ferai de bon cœur en homme qui lui est entièrement dévoué. ». De même, *Yvain, le Chevalier au lion* s'inscrit parfaitement dans cette **nouvelle façon d'aimer et de penser** qui apparaît au XIIe siècle.

L'équipement du chevalier

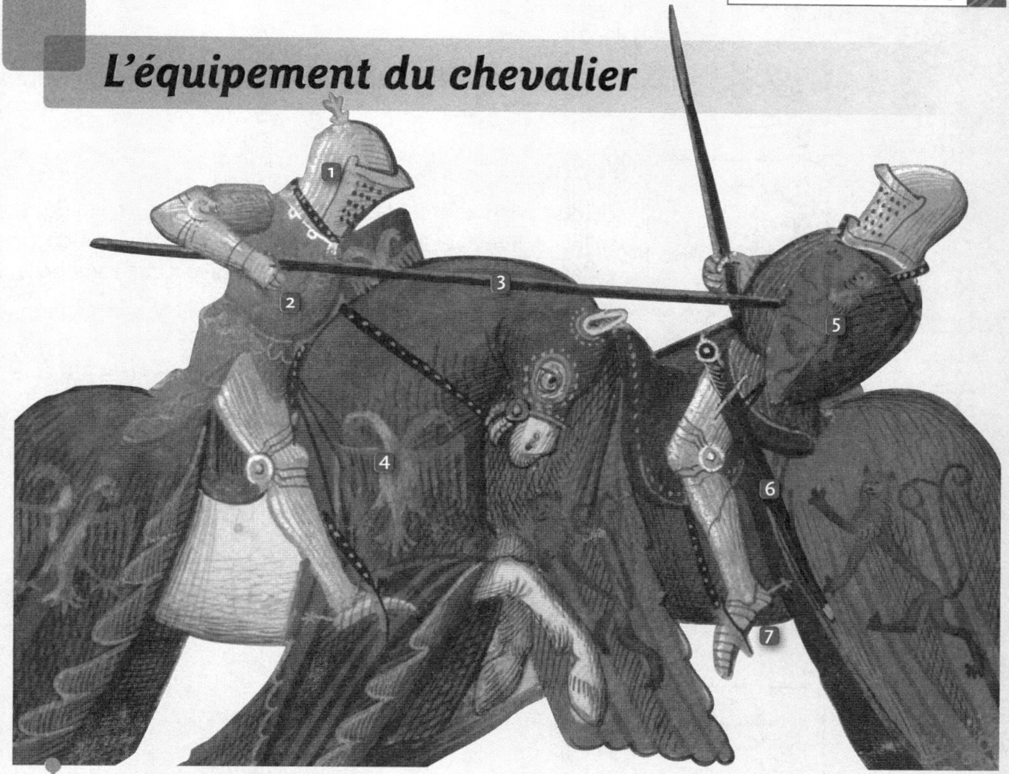

Combat à la lance, miniature à la peinture extraite du manuscrit *Roman de Lancelot*, vers 1475. BnF, Paris.

1 Heaume : casque du chevalier protégeant toute la tête.
2 Haubert : tunique en cotte de mailles, constituée d'anneaux de fer entrelacés, qui protège de la tête aux genoux.
3 Lance : arme très puissante mesurant 2,5 à 3,5 mètres de longueur.
4 Destrier : cheval de bataille dressé pour le combat à la lance
5 Écu : bouclier sur lequel sont peintes les armoiries du chevalier.
6 Épée : arme du chevalier par excellence ; sa forme en croix symbolise la foi chrétienne.
7 Étriers : anneaux métalliques où le chevalier vient glisser ses pieds pour prendre appui.

Yvain, le Chevalier au lion

Qui sont les personnages ?

Yvain

Fils du roi Urien et de la fée Morgane, chevalier plein de vaillance, il relève avec succès le défi de la fontaine merveilleuse mais se marie trop vite, sans savoir que l'amour a ses exigences. Désespéré après sa rupture avec Laudine, il sombre dans la folie...

➤ *Yvain parviendra-t-il à reconquérir le cœur de Laudine ?*

Laudine

Veuve du chevalier qui gardait la fontaine, la dame de Landuc épouse Yvain et lui remet un anneau magique qui rend invincible et symbolise leur union. Mais la négligence de son époux provoque sa colère.

➤ *Laudine accordera-t-elle son pardon à Yvain ?*

Lunete

La suivante de la dame de Landuc est une fidèle alliée d'Yvain : elle le sauve de ses poursuivants en lui donnant un anneau qui rend invisible, donne des conseils judicieux à sa maîtresse qui aboutiront au mariage avec Yvain. Elle s'attire aussi bien des jalousies...

➤ *Qui la sauvera du bûcher auquel ses ennemis l'ont condamnée ?*

Avant la lecture

Le roi Arthur
Ce roi légendaire, entouré de chevaliers d'exception, part voir de ses propres yeux le prodige de la fontaine merveilleuse. Se déplaçant de ville en ville avec sa cour, il doit rendre la justice quand une querelle entre deux sœurs éclate.

➤ *Comment fera-t-il jaillir la vérité ?*

Gauvain
Neveu du roi Arthur, ce séduisant et glorieux chevalier convainc son ami Yvain de quitter sa nouvelle épouse pour combattre dans des tournois. Après une longue séparation, les deux amis s'affrontent sans se reconnaître.

➤ *Qui sortira vainqueur de ce combat ?*

Le lion
Animal noble par excellence, il est sauvé par Yvain d'un serpent maléfique. Devenu son fidèle compagnon, il combat aux côtés du chevalier quand celui-ci affronte de périlleuses aventures.

➤ *Le lion réussira-t-il toujours à aider Yvain ?*

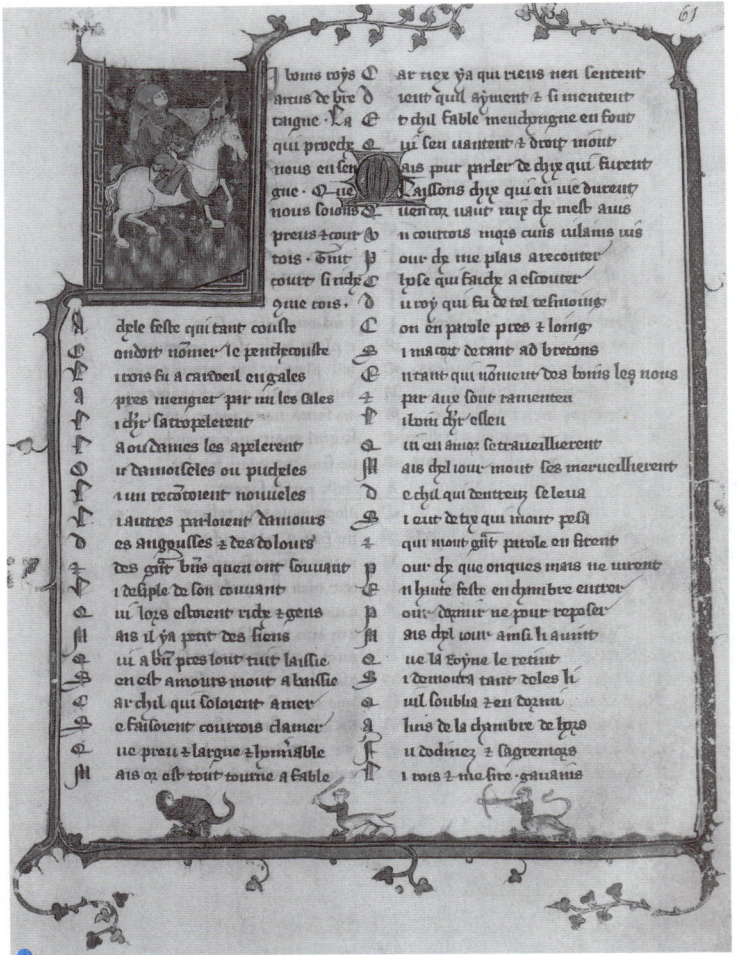

Première page du manuscrit *Yvain, le Chevalier au lion*, vers 1320-1330, BnF, Paris.

Lire

Chrétien de Troyes

Yvain, le Chevalier au lion

1176-1181

Texte intégral

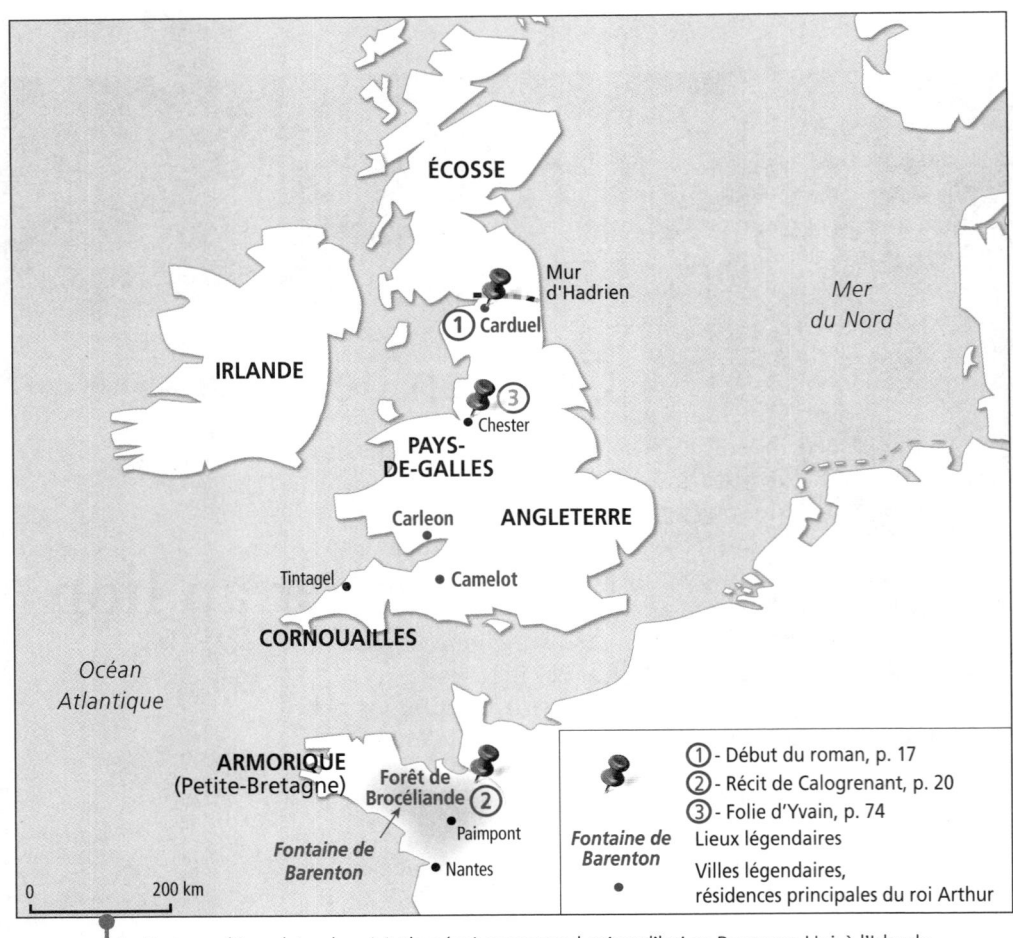

La Bretagne légendaire du roi Arthur (qui correspond aujourd'hui au Royaume-Uni, à l'Irlande et à la Bretagne française).

Calogrenant et l'aventure de la fontaine merveilleuse

Première partie

LE BON ROI ARTHUR DE BRETAGNE[1], dont la valeur nous enseigne le courage et la courtoisie, réunit sa cour avec un faste[2] royal, lors de la coûteuse fête de Pentecôte. Le roi se trouvait alors à Carduel, au pays de Galles. Après le repas, les chevaliers s'assemblèrent en petits groupes dans les grandes salles où les appelaient des dames et des demoiselles aussi nobles que belles. Les uns leur rapportaient des nouvelles, les autres leur parlaient d'amour et racontaient les tourments, les chagrins et les grands bienfaits que souvent l'amour apporte à ceux qui y succombent et qui étaient alors puissants et de grande valeur. Mais les amoureux sont aujourd'hui bien peu nombreux : presque tous ont négligé l'amour qui est bien déprécié. Autrefois, ceux qui aimaient passaient, à juste titre, pour être courtois, courageux, généreux et honorables. Aujourd'hui, tout le monde se moque de l'amour : des êtres insensibles prétendent aimer, mais ils mentent et ces vantards ne racontent que des fables et des mensonges.

Mais, parlons des hommes d'autrefois et oublions ceux d'aujourd'hui car mieux vaut, selon moi, un homme courtois mort qu'un méchant vivant. Je veux donc raconter une histoire agréable à entendre sur un roi qui marqua si bien son temps qu'on parle encore de lui partout. Je suis tout à fait d'accord avec les Bretons pour qui sa renommée durera jusqu'à la fin des temps. Grâce à lui s'est conservé le souvenir des nobles et excellents chevaliers qui souffrirent les maux de l'amour.

Pentecôte

Au Moyen Âge, cette fête chrétienne marque la reprise des tournois et des adoubements de chevaliers, occasions de grandes réjouissances.

1. Il s'agit ici du territoire imaginaire où se situent les récits légendaires autour du roi Arthur (voir carte ci-contre).
2. Luxe.

Ce jour-là, les chevaliers furent très surpris de voir le roi se lever et les quitter. Intrigués par ce comportement, ils multiplièrent les commentaires car ils ne l'avaient jamais vu se retirer d'une grande fête pour aller dormir ou se reposer. Mais, ce jour-là, la reine retint le roi si longtemps qu'il oublia l'heure et s'endormit.

À la porte de la chambre royale se tenaient Dodinel et Sagremor, Keu et monseigneur Gauvain. Tout près se trouvait monseigneur Yvain et, avec eux, Calogrenant, un chevalier très aimable qui avait commencé à leur raconter une histoire qui ne tournait pas à son honneur, mais à sa honte. Alors qu'il poursuivait son récit, la reine se mit à l'écouter. Quittant sa place près du roi, elle s'était faufilée au milieu d'eux si furtivement[1] que personne ne la vit. Seul Calogrenant se leva à son approche. Keu, toujours très moqueur, traître, piquant et arrogant, lui dit alors :

« Par Dieu, Calogrenant, vous voilà bien prompt[2] à vous élancer et je constate avec bonheur que vous êtes le plus courtois d'entre nous – je sais bien que c'est ce que vous pensez, tant vous manquez de bon sens. Il est normal que madame vous considère comme le plus poli et vaillant d'entre nous. Peut-être pensez-vous que c'est par paresse ou négligence que nous ne nous sommes pas levés. Par Dieu, seigneur, ce n'était pas pour ces raisons, mais parce que nous n'avions pas encore vu madame quand vous vous êtes mis debout.

– Keu, fit la reine, vous crèveriez, je pense, si vous ne vous vidiez pas du venin dont vous êtes plein. Vous êtes insupportable et injurieux quand vous raillez[3] vos compagnons.

– Madame, dit Keu, si votre compagnie ne nous apporte rien, faites en sorte que nous n'y perdions rien non plus. Je

---

Les chevaliers de la Table ronde

Très liés entre eux, ils forment un ordre chevaleresque au service du roi Arthur : Sagremor est le petit-fils de l'empereur Adrien de Constantinople ; Keu, le frère adoptif du roi Arthur ; Gauvain, le fils du roi Lot d'Orcanie et le neveu du roi Arthur ; Calogrenant, le cousin d'Yvain et Yvain, le fils du roi Urien et de la fée Morgane, le meilleur de tous.

---

1. Discrètement.
2. Rapide.
3. Vous vous moquez de.

ne crois pas avoir prononcé de paroles qui méritent un seul reproche. Mais, je vous en prie, n'en parlons plus ! Il ne serait ni poli ni raisonnable de tenir des propos inutiles ; cette discussion ne doit se poursuivre et le ton devenir plus violent. Demandez plutôt au conteur de continuer le récit qu'il avait commencé car ce n'est pas le moment de se disputer. »

À ces mots, Calogrenant s'avança :

« Madame, dit-il, l'offense n'est pas très grande et je ne m'en soucie guère, car elle sera sans conséquence pour moi. Monseigneur Keu, vous avez souvent dit des paroles blessantes à plus doués et plus sages que moi ; vous êtes coutumier du fait. Le fumier ne peut que puer, les taons[4] piquer et les guêpes bourdonner ; de même, les envieux doivent proférer des médisances. Mais je n'en dirai pas davantage aujourd'hui si madame n'insiste pas et je la remercie de ne pas m'imposer ce dont je n'ai pas envie.

– Madame, tous ceux qui sont ici, déclara Keu, vous remercieront d'insister car ils écouteront volontiers la suite du récit. Ne le faites pas pour moi mais par la foi que vous devez au roi, votre seigneur et le mien. Demandez à Calogrenant de poursuivre son histoire, vous ferez bien.

– Calogrenant, dit la reine, ne vous souciez pas des propos venimeux de monseigneur Keu, le sénéchal ; il a l'habitude de se répandre en méchancetés et on ne peut l'en empêcher. Je vous prie de ne pas garder de colère dans votre cœur et de ne pas abandonner, à cause de lui, un récit agréable à entendre. Si vous voulez garder mon amitié, reprenez votre histoire depuis le début.

– Vraiment, madame, ce que vous me demandez m'est désagréable. Si je ne craignais de vous mettre en colère, je

Keu le sénéchal

Très proche du roi Arthur, Keu est responsable de l'approvisionnement de la cour, charge très importante. Il devrait aussi assurer le respect de l'étiquette royale. Chrétien de Troyes en fait un personnage déplaisant, arrogant et railleur.

4. Sorte de grosse mouche qui pique.

préférerais me laisser arracher un œil plutôt que d'ajouter une seule parole aujourd'hui; mais je ferai ce qui vous plaît, quoi qu'il m'en coûte. Puisque vous le voulez, écoutez donc! Prêtez-moi cœur et oreilles, car une parole entendue est perdue si elle ne touche pas le cœur. Or, certains n'entendent que des sons puisque leur cœur ne comprend rien. Les mots arrivent aux oreilles comme le souffle du vent, mais ils ne s'y arrêtent pas; au contraire, ils s'évanouissent très vite si le cœur n'est pas disposé à les saisir; pour cela, il doit les prendre au vol, les renfermer et les retenir. Qui me veut entendre tendra cœur et oreilles car je ne vous raconte pas des fables ou des mensonges, comme l'ont fait beaucoup d'autres. Je vous dirai juste ce que j'ai vu. »

« Il y a près de sept ans, seul comme un paysan sur sa terre, j'allais en quête d'aventure, revêtu de toutes mes armes, comme doit l'être tout chevalier. J'avais emprunté sur ma droite un chemin, au plus profond d'une épaisse forêt. C'était une route très pénible, pleine de ronces et d'épines. J'avais beaucoup de mal et de peine à suivre ce sentier. J'avais chevauché presque toute la journée et j'étais sorti de la forêt de Brocéliande. Je suis alors entré dans une lande[1] et j'ai vu une construction, à une demi-lieue galloise[2], peut-être un peu plus.

« J'ai pressé le pas dans cette direction et j'ai aperçu une palissade entourée d'un fossé profond et large. Sur le pont, se tenait le propriétaire de la forteresse, planté sur ses pieds et portant au poing un autour[3] adulte. Je n'ai même pas eu le temps de le saluer qu'il m'a pris l'étrier pour m'inviter à mettre pied à terre. J'ai obtempéré[4]; je n'avais pas le choix

---

La forêt de Brocéliande

Royaume des fées et des enchantements, cette forêt légendaire (voir carte p. 16) abrite une fontaine merveilleuse, dite de Barenton, gardée par un chevalier invincible. C'est le lieu privilégié de Merlin et des fées Viviane et Morgane.

---

1. Terre non cultivée.
2. À 1 km environ.
3. Oiseau rapace, utilisé pour la chasse.
4. J'ai obéi.

Première partie

car je devais trouver un gîte pour la nuit. Il m'a dit plus de sept fois que béni était le chemin que j'avais emprunté. Nous sommes entrés dans la cour, après avoir passé le pont et la porte. Au milieu de la cour du vavasseur[5], que Dieu lui accorde autant de joie et d'honneur qu'il m'en a donné cette nuit-là, était suspendue une plaque en cuivre. Le vavasseur a frappé trois coups sur cette plaque avec un marteau accroché à un poteau, à côté. Les personnes qui étaient à l'intérieur sont alors sorties de la demeure et sont descendues dans la cour. Les serviteurs ont couru vers mon cheval que tenait le bon vavasseur et j'ai vu s'approcher une belle et noble demoiselle. Je l'ai observée avec attention : elle était grande, mince et élancée. Elle a ôté mon armure avec adresse, puis elle m'a revêtu d'un court manteau, en beau drap bleu violet doublé de vair[6]. Le monde s'est retiré, nous laissant seuls, ce qui me convenait car je n'avais envie de voir personne d'autre. Elle m'a emmené m'asseoir dans le plus beau jardin au monde, clôturé d'un muret.

« Je l'ai trouvée si gracieuse, d'une conversation si intéressante, d'une éducation si parfaite, d'une si belle apparence et d'une telle beauté que j'éprouvais un plaisir immense à me trouver là ; je n'aurais pas voulu changer de place pour tout l'or du monde. Mais, à la nuit tombée, le vavasseur nous a dérangés en venant me chercher pour le souper. Du repas, je dirai juste qu'il m'a plu dès que la jeune demoiselle s'est assise en face de moi. Après le repas, le vavasseur m'a dit qu'il ne savait pas depuis combien de temps il n'avait pas hébergé de chevalier errant en quête d'aventure. Il en avait pourtant accueilli beaucoup. Ensuite, il m'a prié de revenir dans sa demeure à mon retour. "Volontiers, seigneur !", lui

5. Vassal d'un seigneur lui-même vassal.
6. Fourrure grise et blanche de l'écureuil petit-gris, réservée aux rois, aux hauts dignitaires.

ai-je répondu, car il aurait été indigne de refuser. J'ai passé une excellente nuit. Au point du jour, on a sellé mon cheval, comme je l'avais demandé la veille. J'ai recommandé au Saint-Esprit[1] mon excellent hôte et sa chère fille ; puis j'ai pris congé de tout le monde et je suis parti aussitôt.

« Je n'étais pas bien loin quand j'ai découvert, sur une terre défrichée, des taureaux sauvages et menaçants. Ils se livraient bataille et faisaient grand bruit, avec une telle férocité et une telle cruauté que, pour dire la vérité, j'ai reculé de peur : aucun animal n'est plus féroce ou plus cruel qu'un taureau. Un paysan qui ressemblait à un Maure[2], très grand et très laid – une créature à la laideur indescriptible – était assis là, sur une souche, une grande massue à la main. Je me suis approché du rustre et j'ai vu qu'il avait la tête plus grosse que celle d'un roncin ou de tout autre animal. Il avait des cheveux en bataille, un front dégarni qui faisait bien deux largeurs de main, des oreilles velues et grandes comme celles d'un éléphant, des sourcils énormes, un visage aplati, des yeux de chouette, un nez de chat, une bouche fendue comme la gueule d'un loup, des dents de sanglier acérées[3] et jaunes, une barbe noire, des moustaches tordues, un menton soudé à la poitrine, une échine[4] tordue et bossue.

« Il était appuyé sur sa massue, habillé d'un vêtement très étrange, ni en lin ni en laine : il portait, attachés à son cou, deux peaux de taureau ou de bœuf, récemment écorchées. Le vilain[5] a sauté sur ses pieds dès que je me suis approché. Voulait-il porter la main sur moi ? Avait-il une autre intention ? Je l'ignorais ; je me suis donc mis en position de défense, jusqu'à ce que je m'aperçoive qu'il restait

---

Les chevaux

Indispensables pour se déplacer au Moyen Âge, ils sont de plusieurs types : monture noble, le destrier sert au combat et le palefroi, au voyage et à la parade ; le roncin, lui, est un cheval de trait utilisé aux champs.

---

1. À Dieu.
2. À cette époque, on nomme Maures les peuples venus d'Afrique du Nord.
3. Coupantes.
4. Partie du dos, qui va de la nuque au coccyx.
5. Homme de basse condition, paysan.

tout droit, sans bouger, juché[6] sur une souche : il mesurait bien dix-sept pieds[7] de haut. Il m'a fixé sans rien dire, comme une bête. J'ai cru qu'il n'avait ni la raison ni la parole. Toutefois je me suis enhardi jusqu'à lui lancer :

"Va, dis-moi franchement si tu es une bonne ou une mauvaise personne."

Il me répondit :

"Je suis un homme.

– Quel genre d'homme es-tu ?

– Exactement comme tu le vois. Je ne suis jamais différent[8].

– Que fais-tu ici ?

– Je vis ici et je garde mes bêtes dans ce bois.

– Tu les gardes ! Mais elles ne connaissent pas encore l'homme ! Je ne crois pas qu'on puisse garder une bête sauvage, en plaine ou dans un bois, sans l'attacher ou l'enfermer.

– Pourtant je les garde si bien qu'elles ne sortiront jamais de cet enclos.

– Comment fais-tu ? Dis-moi la vérité.

– Pas une seule n'ose bouger quand j'approche car, quand j'arrive à en attraper une, avec mes poings durs et puissants, je la tiens par les cornes si fort que les autres en tremblent de peur et s'assemblent tout autour de moi comme pour me demander grâce[9]. Je suis le seul à pouvoir me tenir au milieu d'elles : tout autre serait immédiatement tué. Je suis donc le maître de mes bêtes. Mais toi, dis-moi à ton tour qui tu es et ce que tu cherches.

– Comme tu le vois, je suis un chevalier qui cherche ce qu'il ne peut trouver.

– Que voudrais-tu trouver ?

6. Monté.
7. Environ 5 m.
8. Je ne suis pas le diable.
9. Capituler, se soumettre à quelqu'un.

– Des aventures, pour éprouver ma vaillance et mon courage. Maintenant, je te prie et te supplie de m'aider, si tu le peux, en me révélant quelque aventure ou prodige[1].

– Tu fais erreur : je ne connais aucune aventure et n'en ai jamais entendu parler. Mais si tu voulais aller près d'ici, jusqu'à une fontaine, tu n'en reviendrais pas sans mal si tu ne lui faisais pas justice[2]. Tout à côté d'ici, tu trouveras un sentier qui t'y mènera. Prends-le sans faire de détour, si tu ne veux pas te fatiguer en vain, car tu pourrais facilement te perdre : il y a beaucoup d'autres chemins. Tu arriveras à la fontaine. Elle bout à gros bouillons, et pourtant elle est plus froide que le marbre. Le plus bel arbre que Nature ait fait lui donne son ombre. Il ne perd jamais ses feuilles, même en hiver. Un bassin[3] en fer y est suspendu à une chaîne assez longue pour aller jusqu'à la fontaine. À côté de la fontaine, tu trouveras un perron[4] (je ne saurais te le décrire car je n'en ai jamais vu de semblable). De l'autre côté, se trouve une chapelle, petite mais très belle. Si tu prends de l'eau dans le bassin et que tu la répandes sur le perron, tu verras se déchaîner une tempête si forte qu'il ne restera aucune bête dans cette forêt : ni chevreuil, ni daim, ni cerf, ni sanglier. Même les oiseaux en partiront car la foudre tombera, le vent soufflera, les arbres se casseront ; la pluie, les coups de tonnerre et les éclairs se déchaîneront avec une telle violence que, si tu arrives à t'en sortir sans trop de peine et de souffrance, tu seras le chevalier le plus chanceux qui ait jamais existé."

« J'ai quitté le rustre qui m'avait indiqué le chemin. Il était près de midi quand j'ai vu l'arbre et la chapelle. Pour l'arbre, j'en suis sûr, c'était le plus beau pin qui ait jamais poussé sur

---

[1]. Action extraordinaire.
[2]. Si tu ne faisais pas ce qu'elle exige.
[3]. Récipient servant à puiser l'eau.
[4]. Bloc de pierre.

terre. Jamais une seule goutte n'a traversé son feuillage. J'ai vu le bassin suspendu à l'arbre, non pas en fer mais en or le plus fin jamais mis en vente dans aucune foire au monde. La fontaine, croyez-le, bouillait comme de l'eau brûlante. La pierre était faite d'une émeraude[5] creusée comme un vase, portée par quatre rubis plus étincelants et plus vermeils[6] que le soleil quand il monte à l'orient[7]. Sachez-le, je ne mens pas.

« J'ai eu alors envie de voir la tempête et l'orage. Quel manque de sagesse, quand j'y pense maintenant ! Si j'avais pu, je m'en serais repenti aussitôt après avoir arrosé le perron avec l'eau du bassin. J'en ai versé trop, je le crains, car j'ai vu le ciel se déchirer si violemment que les éclairs vinrent frapper mes yeux à plus de quatorze reprises. Les nuages déversaient, pêle-mêle, de la neige, de la pluie et de la grêle. Le temps était si affreux et agité que j'ai cru cent fois être tué par la foudre qui tombait autour de moi et par les arbres qui se cassaient. J'étais terrifié, sachez-le, jusqu'à ce que la tempête se calme. Mais grâce à Dieu, le mauvais temps n'a pas duré longtemps et tous les vents se sont apaisés.

« Quand j'ai vu l'air clair et pur, j'ai éprouvé de la joie, ce qui m'a rassuré car, d'après mon expérience, la joie dissipe toute angoisse. Dès que l'orage s'est calmé, j'ai aperçu des nuées d'oiseaux perchés sur le pin, si nombreux – me croit qui veut – qu'on ne voyait ni les branches ni les feuilles : elles étaient couvertes d'oiseaux, ce qui rendait l'arbre encore plus beau ! Ils chantaient tous en parfaite harmonie, en suivant chacun une mélodie différente ; je n'en ai pas entendu deux chanter pareil. J'ai partagé leur joie et j'ai écouté leur concert jusqu'à la fin. Jamais je n'avais entendu s'exprimer pareil bonheur et nul homme ne l'entendra

5. Pierre précieuse de couleur verte.
6. Rouges.
7. À l'est.

jamais, à moins d'aller écouter celles qui m'ont procuré tant de joie et de bonheur que j'ai cru en devenir fou.

« Je suis resté là jusqu'à ce que j'entende venir, me semblait-il, des chevaliers. J'ai cru qu'ils étaient une dizaine, tant il y avait de bruit ; mais c'était un seul chevalier qui arrivait. Quand j'ai vu qu'il était tout seul, j'ai resserré immédiatement la bride de mon cheval et me suis mis en selle sans tarder. Il a foncé sur moi, plein de haine, plus rapide qu'un aigle et plus féroce qu'un lion. Criant le plus fort possible, il m'a interpelé :

"Vassal[1], sans m'avoir lancé de défi, vous m'avez couvert de honte et gravement outragé. Vous auriez dû me défier s'il y avait eu une dispute entre nous ou, du moins, demander justice avant de m'agresser. Messire chevalier, le mal retombera sur vous car le dommage est visible. Tout en témoigne autour de moi : ma forêt est abattue. Qui est offensé doit porter plainte ; je me plains donc avec raison, car vous m'avez chassé de ma demeure en déchaînant la foudre et la pluie. Vous m'avez causé un tort immense (et malheur à qui s'en réjouit) : vous avez attaqué mon bois et mon château si violemment qu'il ne m'aurait servi à rien d'avoir des hommes, des armes ou des murailles pour me protéger. Nul n'aurait été en sécurité, même dans une forteresse en pierre dure ou en bois. Mais sachez bien que, désormais, je ne vous laisserai aucun répit ni aucune paix."

« À ces mots, nous nous lançons l'un contre l'autre, protégés par nos écus. Le chevalier a une bonne monture, une lance solide et il me dépasse d'une tête. Je me trouve donc en très mauvaise posture car non seulement je suis plus petit que lui, mais son cheval est plus puissant que le mien. Je vous dis la

---

1. Ici, le terme est injurieux : il désigne Calogrenant comme un être inférieur.

vérité, sachez-le bien, et ne cherche pas à atténuer ma honte. Je lui assène le coup le plus violent que je peux, sans me ménager. Je le touche au sommet de son écu[2] : j'y ai mis toute mes forces, si bien que ma lance vole en morceaux, alors que la sienne demeure intacte tant elle est lourde. Elle pèse davantage, à mon avis, qu'aucune lance de chevalier. Jamais je n'en ai vu d'aussi grosse. Le chevalier me frappe alors si durement qu'il me fait passer par-dessus la croupe[3] de mon cheval et me renverse sur le sol. Sans me lancer un seul regard, il s'empare de ma monture et me laisse là, vaincu et humilié.

« Je n'en revenais pas et restais là, près de la fontaine, plein d'angoisse et de tristesse. Je n'osais pas suivre le chevalier par peur de faire une folie. De toute façon, même si j'avais osé le faire, je ne savais pas ce qu'il était devenu. Finalement, j'ai voulu tenir la promesse faite à mon hôte et revenir chez lui. Pour voyager plus légèrement, j'ai jeté à terre toutes mes armes et je m'en suis retourné, tout honteux.

« Quand je suis arrivé à la nuit chez le vavasseur, j'ai trouvé mon hôte aussi convivial et joyeux que la veille. Je n'ai remarqué aucune différence : ni sa fille ni lui n'étaient moins heureux de me voir ou ne me faisaient moins d'honneur que la nuit précédente. Au contraire, ils m'ont traité avec beaucoup d'égards – et je les en remercie encore. Ils affirmaient qu'à leur connaissance, nul n'était revenu vivant de là où j'étais allé.

« C'est ainsi que je suis parti et c'est ainsi que je suis revenu. Voilà donc mon aventure, qui a tourné à ma honte et j'ai été bien sot de vous raconter ce que je n'avais jamais dit à personne. »

Première partie

L'équipement du chevalier

L'armement du chevalier est complexe (voir p. 11). Il se protège le visage avec un heaume, lacé au cou et ouvert par une visière. Il porte un haubert ou cotte de mailles et revêt des chausses de fer. Il se bat à la lance et à l'épée et se protège avec son écu. Un chevalier n'utilise ni hache ni bâton.

2. Bouclier du chevalier. Voir l'équipement du chevalier p. 11.
3. Partie arrière du cheval.

Le chevalier Calogrenant à terre, manuscrit à la peinture, *Le Chevalier au lion* (version de Pierre Sala), vers 1522-1530, BnF, Paris.

« Sur ma tête, dit monseigneur Yvain, vous êtes mon cousin germain ; nous nous devons une affection réciproque ; mais je vous considère comme fou de m'avoir si longtemps dissimulé cette aventure. Si je vous ai qualifié de fou, n'en soyez pas fâché car, si je le peux et si l'occasion s'en présente, j'irai venger votre honte.

– On voit bien que nous sommes après le souper, fit Keu qui ne pouvait se taire. Chat saoûl, dit-on, s'amuse. Après manger, sans bouger, chacun veut tuer Nouredînn ! Votre coussin de selle est-il bien rembourré ? Vos chausses[1] en fer astiquées ? Vos bannières déployées ? Allez vite, par Dieu, monseigneur Yvain ! Partirez-vous cette nuit ou demain ? Dites-nous, beau sire, quand vous irez à votre martyre[2] car nous vous escorterons. Il n'y aura ni prévôt ni viguier[3] qui ne vous accompagne volontiers. Mais, par pitié, ne partez pas sans avoir pris congé de nous. Et si, cette nuit, vous faites un mauvais rêve, restez ici !

– Comment ? dit la reine. Avez-vous perdu la tête, monseigneur Keu, que vous ne puissiez vous taire ! Maudite soit la langue qui ne cesse de dénigrer[4] ! La vôtre réussit à vous faire haïr de tout le monde. À votre place, je l'accuserais de trahison tant elle vous rend détestable. Un homme incorrigible, il faut le traiter comme un fou et l'attacher devant la grille du chœur, dans l'église[5].

– Madame, fit monseigneur Yvain, je ne prête aucune attention à ces moqueries. Le seul pouvoir, le seul savoir de Monseigneur Keu dans toutes les cours, c'est qu'il ne sera jamais ni muet ni sourd ! Mais je n'ai pas envie de me disputer, ni de commencer une querelle : ce n'est pas celui qui porte le premier coup qui crée la bagarre, mais celui qui réplique.

Première partie

Nouredînn

Ce célèbre chef de guerre musulman résista aux croisés durant la deuxième croisade commencée en 1147 et menée par Conrad III, empereur d'Allemagne et Louis VII, roi de France. Nouredînn profita des désaccords entre les deux armées qui rentrèrent en Europe après de terribles défaites.

1. Protections qui couvrent les jambes et passent sous les pieds.
2. Supplice.
3. Les prévôts et les viguiers étaient des officiers de justice qui escortaient les condamnés à mort.
4. Dire du mal de quelqu'un.
5. Pour que le prêtre puisse chasser les démons de son corps.

Qui raille son compagnon chercherait facilement querelle à un inconnu. Je ne veux pas ressembler au chien de garde qui se hérisse et rechigne[1] quand un autre mâtin[2] lui montre les dents. »

Pendant qu'ils dialoguaient ainsi, le roi sortit de sa chambre où il était resté longtemps car il avait beaucoup dormi. À sa vue, les barons se levèrent et il les fit aussitôt se rasseoir. Il prit place à côté de la reine qui lui rapporta, mot pour mot, le récit de Calogrenant. Le roi l'écouta avec plaisir et jura par trois fois, sur l'âme de son père Uter Pendragon, sur celle de son fils et sur celle de sa mère, qu'avant deux semaines, il irait voir la fontaine, la tempête et le prodige. Il y arriverait la veille de la fête de Saint Jean[3] et y passerait la nuit. Il invita à le suivre tous ceux qui le souhaiteraient. Les paroles du roi lui attirèrent la sympathie de la cour car les barons et les jeunes écuyers[4] avaient très envie d'y aller.

Yvain tente l'aventure de la fontaine

AU MILIEU DE LA LIESSE ET DE LA JOIE GÉNÉRALE, monseigneur Yvain était désolé car il pensait partir tout seul. Il était contrarié d'apprendre que le roi y allait et que le combat reviendrait sans conteste à monseigneur Keu plutôt qu'à lui[5]; si ce dernier réclamait de se battre, on ne lui refuserait pas, à moins que monseigneur Gauvain lui-même ne le demande en premier. Mais, c'était décidé, il ne les attendrait pas ; au contraire, il s'en irait tout seul, pour son bonheur ou sa douleur. Il arriverait avant trois jours à Brocéliande ; poussé par son désir,

1. Retrousse les babines.
2. Chien.
3. La Saint Jean tombe le 24 juin.
4. Jeunes nobles qui accompagnent le chevalier à la guerre, l'aident à revêtir les armes, à les enlever.
5. C'est le roi qui désigne ceux qui combattent. Il le fait par ordre de mérite.

il chercherait et trouverait l'étroit sentier dans les buissons, la lande, la forteresse, l'agréable compagnie de la noble demoiselle si agréable et si belle. Il rencontrerait aussi le vavasseur qui s'efforçait d'honorer ses hôtes, tant il était généreux et bien né. Puis il verrait les taureaux sur le champ défriché et le grand rustre qui les gardait. Il lui tardait de rencontrer le paysan si affreux, grand, hideux, contrefait[6] et noir comme un forgeron. Puis il verrait, s'il le pouvait, le perron, la fontaine, le bassin et les oiseaux sur le pin. Ensuite, il ferait pleuvoir et venter. Mais il ne songeait pas à s'en vanter : personne ne connaîtrait son projet, jusqu'à ce qu'il en soit couvert de honte ou d'honneur. Qu'alors seulement l'aventure soit connue !

Monseigneur Yvain quitta la cour, ne rejoignit aucun compagnon mais retourna seul dans son logis. Il y retrouva tous les gens de sa suite et demanda qu'on selle son cheval. Il appela un de ses écuyers à qui il ne cachait rien.

« Je vais sortir par cette porte, monté sur mon palefroi[7]. Suis-moi discrètement hors de la ville, avec mes armes et mon destrier[8]. Ne tarde pas car je dois faire un long trajet ; tu t'en retourneras sur le palefroi. Garde-toi bien, je te le recommande, de ne rien dire à personne car, si tu désobéissais, tu le paierais cher.

– Seigneur, répondit-il, soyez tranquille car personne ne saura rien. Partez, je vous suivrai bientôt. »

Monseigneur Yvain monta aussitôt à cheval : il ne reviendrait pas à la cour sans avoir vengé la honte infligée à son cousin. L'écuyer courut chercher les armes et le destrier qu'il enfourcha sans tarder. Il s'élança sur les traces de son maître qui l'attendait à l'écart du chemin, dans un

Première partie

6. Difforme.
7. Cheval de voyage.
8. Cheval de bataille. Voir encart p. 22.

endroit isolé. L'écuyer lui avait apporté ses armes et son équipement et l'aida à s'en revêtir.

Monseigneur Yvain ne perdit pas de temps : une fois armé, il ne fit ni une ni deux : il voyagea pendant des jours, par monts et par vaux[1], par des forêts longues et larges, par des lieux étranges et sauvages. Il traversa de nombreux passages terribles, de nombreux dangers, de nombreuses difficultés et arriva au sentier étroit, plein de ronces et de ténèbres. Alors il sut qu'il ne s'était pas perdu. Il lança sa monture au galop car il n'avait d'autre désir que de voir le pin qui donnait de l'ombre à la fontaine, et le perron, et la tempête qui tonne, pleut, grêle et vente. Sachez-le, il passa la nuit dans le logis du vavasseur qui lui témoigna plus de prévenances et de respect qu'on le lui avait raconté. Il trouva la jeune fille cent fois plus sage et belle que l'avait dit Calogrenant. Cette nuit-là, monseigneur Yvain eut un excellent logis qui lui plut beaucoup.

Le lendemain, il parvint aux champs défrichés. Il y vit les taureaux et le rustre qui lui indiqua le chemin. Stupéfait par ce monstre, il se signa[2] plus de cent fois : comment dame Nature avait-elle pu créer une créature aussi laide et difforme ? Puis il se dirigea vers la fontaine et il aperçut tout ce qu'il voulait voir. Sans s'arrêter ni s'asseoir, il versa sur le perron un plein bassin d'eau. Tout de suite il se mit à venter et pleuvoir : il fit le temps qu'il devait faire et quand Dieu apaisa le ciel, les oiseaux vinrent sur le pin pour dispenser une joie merveilleuse sur la fontaine périlleuse.

Dès que leur allégresse s'apaise, survient, plus enflammé de colère qu'une braise, le chevalier avec autant de bruit

---

1. En toutes sortes d'endroits.
2. Fit le signe de croix pour demander la protection de Dieu.

que s'il chassait le cerf. Dès le premier regard, ils s'élancent l'un contre l'autre comme s'ils éprouvaient une haine mortelle. Chacun tient une lance rigide et forte.

Ils se donnent des coups si nombreux et terribles qu'ils transpercent leurs écus attachés à leur cou et que leurs hauberts[3] se démaillent. Leurs lances se brisent en morceaux et les tronçons volent en l'air. L'un et l'autre font alors assaut à l'épée et, sous les coups, ils coupent les courroies des écus et les écus aussi sont en morceaux. Ils ne peuvent plus s'en servir pour se protéger ou se défendre. Ils assènent, de leurs épées étincelantes, des coups sur leurs flancs, leurs bras et leurs hanches. Ils se mettent en danger de mort, ne cèdent pas un pouce de leurs positions comme s'ils étaient deux rocs. Jamais deux chevaliers n'ont été plus désireux de hâter leur propre mort. Ils évitent de gaspiller leurs coups et les emploient du mieux qu'ils peuvent. Leurs heaumes abaissés ploient, les mailles de leurs cottes volent ; ils font couler beaucoup de sang ; leurs hauberts en sont tout chauds et ne les protègent pas plus qu'une robe de moine. Ils se blessent au visage à la pointe de l'épée et il est étonnant qu'un combat aussi rude et farouche dure aussi longtemps. Mais les deux assaillants sont si courageux que ni l'un ni l'autre ne veut céder un pied de terrain. Ils accomplissent une plus grande prouesse encore car jamais ils ne blessent ni ne frappent leurs chevaux : ils n'auraient pas voulu commettre cette indignité. Ils se tiennent toujours à cheval sans jamais mettre pied à terre et le combat n'en est que plus beau.

À la fin monseigneur Yvain brise l'écu du chevalier. Étourdi par le coup, celui-ci prend peur car il n'en a jamais

3. Tuniques en cottes de mailles, voir l'équipement du chevalier, p. 11.

essuyé d'aussi violent : il a la tête fendue et des morceaux de cerveau et du sang tachent son étincelante cotte de mailles. Il en ressent une douleur si grande que son cœur défaille. Alors, il s'enfuit et il n'a pas tort car il se sent blessé à mort et rien ne peut le protéger. Il part à bride abattue[1] vers sa demeure. On lui abaisse le pont-levis et ouvre largement la porte. Monseigneur Yvain fonce d'une seule traite en piquant des éperons[2], de toutes ses forces. Comme le gerfaut[3] se précipite sur la grue[4], la repère de loin et l'approche de si près qu'il imagine la saisir mais ne l'attrape pas, l'un s'enfuit et l'autre le talonne de si près qu'il semble à portée de main sans toutefois l'atteindre, même s'il se rapproche de lui au point de l'entendre gémir d'angoisse. Mais l'un s'obstine à fuir alors que l'autre s'efforce de l'attraper, craignant d'avoir perdu sa peine s'il ne s'empare de lui mort ou vif car il se rappelle les insultes proférées par monseigneur Keu. Il ne se sera pas acquitté de la promesse faite à son cousin et personne ne le croira s'il ne rapporte une preuve irréfutable.

Le chevalier l'attire jusqu'au portail de son château où ils pénètrent tous les deux sans rencontrer personne dans les rues ; ensemble ils arrivent à la porte du palais. Elle est très haute et très large, mais avec une ouverture si étroite que deux chevaliers sur leur monture ne peuvent la franchir sans encombre et sans dommage : elle est tout à fait semblable à un piège qui attend un rat, qui le blesse et le tue car le mécanisme se déclenche et se détend au moindre contact, même léger. De fait, il y a deux trébuchets[5] sur le seuil qui soutiennent, en haut, une porte à coulisse en fer, aiguisée et tranchante. Si la moindre chose effleure ce mécanisme, la porte tombe ; ainsi se trouve capturé ou

---

1. Très vite.
2. Pièces de métal fixées au talon du chevalier qui servent à piquer les flancs du cheval pour le faire avancer plus vite.
3. Sorte de faucon dressé pour la chasse.
4. Sorte de gros oiseau voyageur.
5. Pièges à bascule.

déchiqueté celui sur qui elle s'abat. Entre les trébuchets, le passage est aussi étroit qu'un sentier.

En homme averti, le chevalier s'engage dans le bon chemin. Monseigneur Yvain, comme un fou, se précipite à ses trousses à bride abattue et le presse de si près qu'il s'accroche à ses arçons[6] de derrière. Bien lui prend de se pencher en avant, sinon il aurait été coupé en deux car son cheval piétine la pièce de bois qui retient la porte en fer. Alors, comme un diable infernal, la porte s'abat, tranche la selle et le cheval de part en part, mais elle n'atteint pas, Dieu merci, monseigneur Yvain. Elle lui rase le dos de si près qu'elle sectionne ses deux éperons au ras des talons. Il tombe à terre, plein d'effroi. Au même instant, l'autre chevalier, blessé à mort, franchit une deuxième porte, semblable à la première, qui s'abat derrière lui. C'est ainsi que monseigneur Yvain se retrouve prisonnier.

Très angoissé et tout à fait désorienté, Yvain vit qu'il était enfermé dans une salle dont le plafond était entièrement couvert de clous dorés et les murs ornés de belles peintures avec de riches couleurs. Mais ce qui le désespérait le plus, c'était d'ignorer dans quelle direction son adversaire s'était enfui. Il était donc en proie à un profond désarroi quand il vit s'ouvrir la porte étroite d'une petite chambre voisine ; il en sortit une demoiselle, seule, très charmante et très belle ; la porte se referma derrière elle. Quand elle découvrit monseigneur Yvain, elle commença par éprouver une vive frayeur.

« Chevalier, dit-elle, je crains que vous ne soyez pas le bienvenu. Si on vous voit ici, on vous dépècera car mon seigneur est blessé à mort et je sais bien que vous l'avez tué.

6. Rebords à l'avant et à l'arrière de la selle qui aident le chevalier à se maintenir en place.

Ma maîtresse en éprouve une douleur extrême et ses gens clament que pour un peu ils mourraient de chagrin. Ils ressentent une telle affliction[1] qu'ils n'arrivent pas à décider s'ils veulent vous tuer ou vous faire prisonnier. Ils le décideront quand ils vous attaqueront. »

Monseigneur Yvain répondit :

« S'il plaît à Dieu, jamais ils ne me tueront et jamais ils ne me feront prisonnier.

– Non, dit-elle, car j'y consacrerai tout mon pouvoir, avec votre aide. N'est pas chevalier celui qui a peur. Et je vois que vous n'êtes pas trop effrayé, ce qui prouve que vous êtes un vaillant chevalier. Sachez-le bien, si je le peux, je vous rendrai service et honneur car jadis vous en avez fait autant pour moi. Un jour, ma maîtresse m'a envoyé porter un message à la cour du roi Arthur. Peut-être ai-je manqué de sagesse, de bonnes manières ou d'origine assez noble pour une jeune fille : aucun chevalier n'a daigné m'adresser la parole, sauf vous. Vous, et je vous en remercie, m'avez fait honneur et vous m'avez servie. Parce qu'autrefois, vous m'avez respectée, je vous récompense maintenant. Je connais bien votre nom et je vous ai parfaitement reconnu. Vous êtes le fils du roi Urien[2] et vous vous appelez monseigneur Yvain. À présent, soyez sûr et certain que, si vous me faites confiance, vous ne serez ni emprisonné ni tué. Prenez plutôt cet anneau qui m'appartient et, s'il vous plaît, rendez-le-moi quand je vous aurai délivré. »

Elle lui remit un anneau et lui dit qu'il avait le même pouvoir que l'écorce sur le tronc : elle le couvre et le dissimule au regard. Il fallait le saisir dans la main et le serrer. Alors il n'avait plus rien à craindre car, même avec les yeux

---

[1]. Chagrin.
[2]. Urien règne sur le Moray (région d'Écosse).

grands ouverts, personne ne le verrait, tout comme est invisible le bois recouvert de l'écorce qui pousse autour de lui. Voilà qui plaisait bien à monseigneur Yvain.

Après ce discours, elle l'emmena s'asseoir sur un lit recouvert d'une couette[3] si riche que le duc d'Autriche n'en avait pas une aussi belle. Là, elle lui proposa de lui apporter à manger et il répondit qu'il en avait bien envie. La demoiselle se précipita dans sa chambre et en revint aussitôt avec un chapon[4] rôti, un gâteau, une nappe et un plein pot d'excellent vin. Elle l'invita à manger et, comme il en avait bien besoin, il se restaura et but de bon cœur. À peine avait-il fini de manger et de boire que les chevaliers partirent à sa recherche dans le château pour venger leur seigneur qui avait déjà été mis en bière[5].

« Ami, lui dit la demoiselle, écoutez toute cette agitation et tout ce bruit. Ils vous cherchent tous! Ne bougez pas de là où vous êtes car personne ne vous trouvera si vous ne quittez pas ce lit. Cette salle va être remplie de gens hostiles et très dangereux qui espèrent bien vous trouver là. Ils vont sans doute apporter le corps ici avant de l'enterrer. Ensuite, ils commenceront à vous chercher sous les bancs et sous le lit. Ce sera plaisir et divertissement pour un homme sans peur que de voir autant de personnes aveuglés, découragés et humiliés au point de devenir ivres de colère. Mais je ne vous en dirai pas davantage car je ne veux plus m'attarder ; qu'il me soit seulement permis de remercier Dieu qui m'a donné l'occasion de vous rendre service car j'en avais le plus grand désir. »

Sur ces mots, elle partit ; aussitôt, les gens du château arrivèrent par les deux portes, avec des bâtons et des épées. Ils formaient une très grande foule composée d'individus

Première partie

L'anneau d'invisibilité

L'anneau aux pouvoirs magiques vient de l'Antiquité. Chez l'historien grec Hérodote, Gygès découvre une bague qui rend invisible. Le philosophe Platon raconte, dans *La République*, comment Gygès en profite pour séduire la reine, assassiner le roi et prendre le pouvoir. On retrouve cet objet magique, au Moyen Âge, dans de nombreux contes.

---

3. Couverture.
4. Jeune coq engraissé.
5. Dans un cercueil.

furieux et mauvais. Ils virent le cheval coupé en deux devant la porte ; ils pensèrent trouver à l'intérieur le prisonnier et le tuer. Ils remontèrent les portes qui avaient causé bien des morts, mais cette fois-ci ils ne tendirent ni trébuchet ni piège ; ils se précipitèrent d'un seul mouvement, et là, ils trouvèrent l'autre moitié du cheval près du seuil. Aucun d'entre eux ne voyait monseigneur Yvain qu'ils auraient bien volontiers tué. Mais lui les voit enrager, perdre la raison et s'emporter. Ils disaient :

« Comment est-ce possible ? Il n'y a ici ni porte ni fenêtre, aucun moyen de fuir si ce n'est pour un oiseau qui vole, un écureuil, un petit rongeur ou une bête d'une taille équivalente, car les fenêtres ont des barreaux et les portes ont été fermées après le passage de notre seigneur. Mort ou vif, l'homme est ici car il n'est pas resté dehors ; plus de la moitié de la selle se trouve à l'intérieur, mais de lui nous ne voyons rien sauf ses éperons tranchés qui lui sont tombés des pieds. Allons chercher dans tous les coins et cessons de parler. Il est encore ici, c'est certain, à moins que nous ne soyons tous victimes d'un sortilège ou que les diables ne nous l'aient enlevé. »

Ainsi, emportés par la colère, ils le cherchaient partout dans la salle, sondant les murs, les lits, les bancs ; mais le lit où il était couché se trouvait hors d'atteinte et à l'abri des coups. Yvain ne fut donc ni blessé ni touché. Pourtant, ils donnaient des coups tout près de lui et ils firent un terrible vacarme avec leurs bâtons, comme un aveugle qui cherche quelque chose à tâtons.

Alors qu'ils fouillaient sous les lits et les escabeaux, arriva une des plus belles dames qu'on puisse voir ici-bas.

Première partie

Jamais on ne vit une aussi belle chrétienne, mais elle était si folle de douleur qu'elle était bien près de se donner la mort. Par moments, elle poussait des cris déchirants puis s'effondrait, évanouie, sur le sol. Quand elle se relevait, comme une démente, elle commençait à se lacérer le visage, à s'arracher les cheveux et à déchirer ses vêtements. Elle défaillait à chaque pas et rien ne pouvait la consoler : elle voyait emporter le corps de son époux mort, dans un cercueil, et jamais, pensait-elle, elle ne pourrait s'en remettre. Elle se lamentait donc à grands cris.

La procession qui accompagnait le cercueil s'avança : l'eau bénite, la croix et les cierges allaient devant, portés par les religieuses d'un couvent; puis venaient les Écritures[1] et les encensoirs[2] portés par les prêtres. Monseigneur Yvain entendit les cris et le chagrin, indescriptibles, car jamais un livre n'en donnera l'image. La procession passa mais, au milieu de la salle, un rassemblement se fit autour de la bière car le sang tout chaud et vermeil coulait de la plaie du défunt. C'était la preuve indiscutable que se trouvait encore dans la pièce celui qui lui avait livré bataille, qui l'avait tué et vaincu. Alors on chercha et rechercha partout. Tout le monde transpirait de l'angoisse et de la confusion que leur inspirait le sang écarlate coulant devant eux[3]. Là où il se trouvait, monseigneur Yvain fut frappé et heurté à de nombreuses reprises mais il n'en bougea pas pour autant. Les gens ne comprenaient pas pourquoi les plaies s'ouvraient; ils s'étonnaient de les voir saigner, d'autant qu'ils ne trouvaient personne. Chacun alors de dire :

« Le meurtrier est parmi nous et nous ne le voyons pas. Il y a là magie ou diablerie ! »

1. La Bible.
2. Petites boîtes où l'on brûle de l'encens.
3. On croyait, par superstition, que les plaies d'un mort se mettaient à saigner (*cruentation*) en présence de son meurtrier.

La dame manifestait une telle douleur qu'elle en perdait la raison et criait comme une folle :

« Dieu ! Trouvera-t-on le meurtrier, le traître qui a tué mon bon époux ? Bon ? Non, le meilleur ! Vrai Dieu, le tort sera Tien si Tu laisses échapper son meurtrier. Je n'en blâmerai d'autre que Toi car Tu le dérobes à ma vue. Jamais on n'a vu une violence et un tort aussi affreux que celui que Tu m'imposes en ne me laissant pas voir celui qui est près de moi. Si je ne le vois pas, c'est que je suis victime d'un maléfice : un fantôme ou un démon s'est introduit dans cette salle. Ou alors c'est un lâche et il a peur de moi. Ah ! pourquoi es-tu si peureux alors que tu fus si hardi avec mon époux ? Faible et trompeuse créature, que ne t'ai-je en mon pouvoir ! Que ne puis-je à présent te tenir à ma merci ! Mais comment as-tu réussi à tuer mon époux, si ce n'est par trahison ? Jamais tu ne l'aurais vaincu s'il t'avait vu, car il n'avait pas son pareil en ce monde et il n'y a plus personne comme lui. »

C'était ainsi que la dame combattait avec elle-même, se tourmentait et se désespérait ; ses gens, avec elle, manifestaient la grande douleur qu'ils ressentaient. Ils emportèrent le corps, le mirent en terre après avoir tant cherché qu'ils n'en pouvaient plus de fouiller. Ils y renoncèrent tous à grand peine car ils n'avaient trouvé personne. Quand les religieuses et les prêtres eurent fini la cérémonie, ils quittèrent l'église pour se rendre sur la sépulture.

Mais de tout cela la demoiselle de la chambre ne se souciait pas ; le souvenir de monseigneur Yvain lui revint très vite et elle lui dit :

« Beau seigneur, tous ces gens se sont jetés sur vous avec une grande hostilité ; ils ont déclenché une véritable

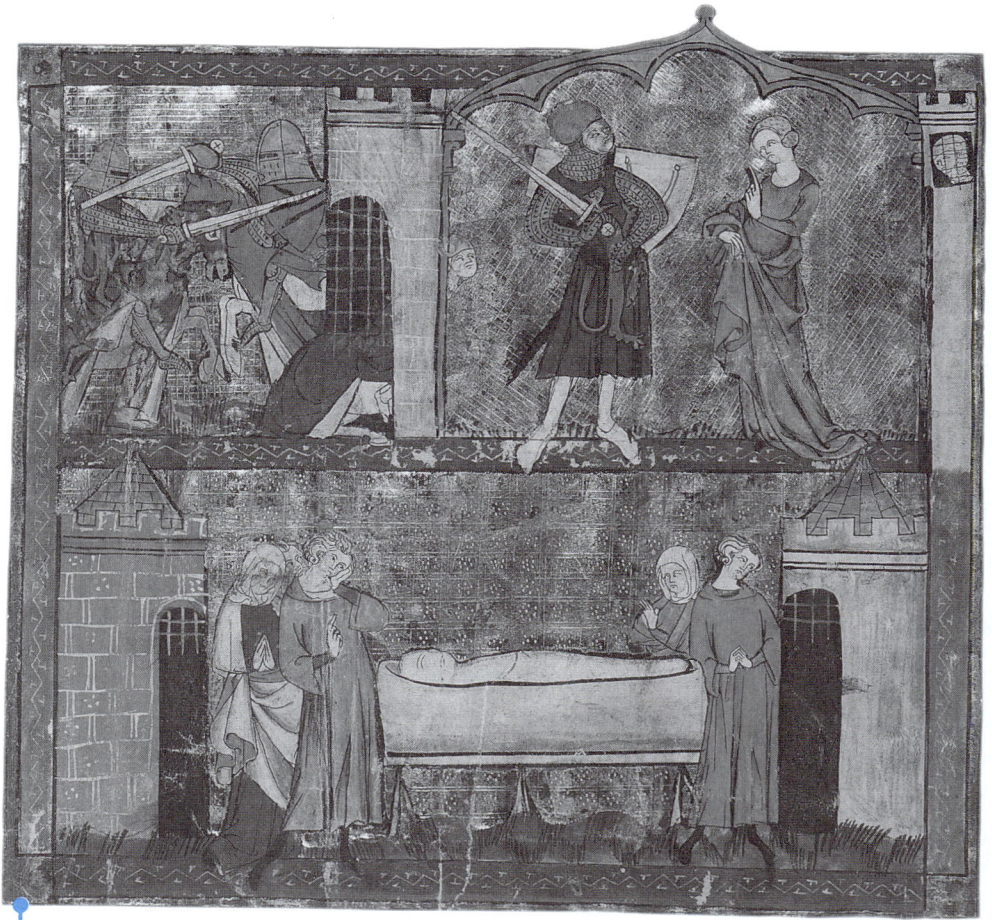

En haut à gauche : Yvain combat Esclados le Roux, le cheval d'Yvain est pris au piège de la porte coulissante ; en haut à droite : Yvain discute avec la demoiselle ; en bas : lamentations sur le cercueil d'Esclados le Roux. Miniature à la peinture extraite du manuscrit *Yvain, le Chevalier au lion*, vers 1320-1330, BnF, Paris.

tempête et retourné toutes les cachettes possibles avec plus de minutie qu'un chien de chasse qui suit à la trace les perdrix et les cailles. Vous avez dû avoir une belle peur !

– Ma foi, dit-il, vous êtes dans le vrai ! Je ne pense pas en avoir jamais éprouvé une aussi grande. Cependant, si c'est possible, je regarderais bien, à l'extérieur, par un trou ou par une fenêtre, la procession et le corps. »

En réalité, il ne s'intéressait ni à la procession ni au corps qu'il aurait bien voulu envoyer au diable, lui en eût-il coûté mille marcs[1]. Mille marcs ? Au vrai, par Dieu, trois mille même. En fait, il voulait voir la dame du château. Alors, la demoiselle le plaça devant une petite fenêtre. Elle tenait à lui rendre le respect qu'il lui avait manifesté. De cette fenêtre, monseigneur Yvain guettait la belle dame qui disait :

« Cher époux, que Dieu ait vraiment pitié de votre âme car jamais aucun chevalier ne vous a surpassé. Beau et cher époux, aucun chevalier n'est jamais parvenu à rivaliser avec vous en matière d'honneur et de courtoisie. Générosité était votre amie et Courage votre compagnon. Que votre âme soit en compagnie des saints, bel époux. »

Alors, éperdue de douleur, elle déchira tout ce qui lui tombait sous la main. Monseigneur Yvain se contenait à grand peine de se précipiter pour l'arrêter. Mais la demoiselle, noble et bonne, le priait, le suppliait et le conjurait de se garder de cette folie en lui disant :

« Vous êtes fort bien ici ; n'en bougez sous aucun prétexte tant que le deuil ne sera pas fait ; laissez ces gens s'en aller car ils le feront bientôt. Si vous suivez mes conseils,

[1]. Unité de poids (244 g) servant de monnaie, aussi appelée marc de Paris ou marc de Troyes.

vous vous en trouverez fort bien. Vous pouvez donc rester ici, vous asseoir et regarder les gens passer dehors ; aucun ne vous verra et vous en tirerez un grand avantage ; mais gardez-vous de parler sans réfléchir car celui qui s'égare et se laisse aller, ou même s'engage dans des excès, est, selon moi, homme plus mauvais que sage. Ne commettez pas de folie. Le sage dissimule ses folles pensées et met le bien en œuvre. Comportez-vous donc comme un sage et ne mettez pas votre tête en gage ici car on n'en fixerait pas de rançon[2]. Prenez soin de vous et rappelez-vous mes conseils : soyez tranquille jusqu'à mon retour car je n'ose plus rester ici. Si je le faisais, on me soupçonnerait car on ne me verrait pas avec les autres dans la foule. Je me trouverais alors en mauvaise posture. »

Sur ces mots, elle s'en alla et il resta sans savoir quoi faire ; il était désolé de voir le cadavre enterré sans n'avoir rien pu emporter qui prouverait qu'il l'avait vaincu et tué.

« Si je n'ai pas de témoignage ou de garantie à montrer, pensait-il, je suis complètement déshonoré. Keu est tellement perfide et provocant, tellement prompt à la raillerie et à la méchanceté qu'il ne me laissera pas tranquille. Il n'aura de cesse[3] de m'insulter, de me lancer des piques et des moqueries comme il l'a fait l'autre jour. » Ses railleries lui étaient restées sur le cœur, blessantes et vives.

Mais, son nouvel amour le radoucissait de son sucre et de ses rayons de miel : son ennemie s'était emparée de son cœur et il aimait la femme qui le haïssait le plus au monde. La dame s'était bien vengée, sans le savoir, de la mort de son époux. L'amour l'avait attaqué avec tant de douceur qu'il l'avait touché au cœur. C'est une blessure plus profonde que

2. Vous seriez tué.
3. Il ne cessera pas.

les coups de lance ou d'épée. Un coup d'épée se cicatrise et se guérit très vite, dès qu'un médecin s'en occupe ; mais la blessure d'amour s'aggrave quand son médecin s'en approche. Monseigneur Yvain ne guérirait jamais de cette plaie car l'amour s'était entièrement donné à lui. Amour retourne en tous sens les lieux où il se propage mais il ne s'installe pas dans un mauvais lieu. Cette fois, il était en bonne place : il serait honoré et y séjournerait longtemps. Parfois l'amour tombe mal et il semble alors répandre son baume dans la cendre et la poussière. Il mélange le sucre et le fiel[1] et dilue de la suie dans le miel. Mais, avec Yvain, ce n'était pas le cas : il s'était installé dans un lieu noble dont personne ne lui ferait reproche.

Après l'enterrement du défunt, tous les gens s'en retournèrent. Il ne resta personne : ni prêtres, ni chevaliers, ni serviteurs, ni dames, sinon celle qui ne dissimulait pas sa douleur. Elle resta toute seule, s'égratignant le visage, se tordant les poings et lisant des psaumes[2] dans un livre enluminé[3] de lettres d'or. Monseigneur Yvain se trouvait toujours à la fenêtre d'où il la regardait ; et plus il l'observait, plus il l'aimait, plus elle le charmait. Il voudrait bien qu'elle cesse de pleurer et de lire et qu'elle accepte de lui parler. Mais il était désespéré car il ne pensait pas réaliser ce souhait. Puis il se dit :

« Je dois être fou puisque je veux ce que je n'obtiendrai jamais. J'ai blessé à mort son époux et j'imagine me lier avec elle ! Par ma foi, je sais bien que, pour le moment, elle me hait plus que tout autre et qu'elle en a le droit. J'ai sagement dit "pour le moment" car souvent femme varie. Ses senti-

---

1. Liquide très amer.
2. Poèmes religieux, récités ou chantés.
3. Décoré.

ments d'aujourd'hui changeront peut-être, et même sûrement ; je suis fou de me désespérer. Que Dieu lui donne de changer assez vite car je lui suis soumis pour toujours, ainsi que le veut l'amour. Qui inspire l'amour puis le rejette agit en perfide et en traître. Je l'affirme – m'entend qui veut –, il n'en retire ni bien ni joie. Mais je ne risque rien ; j'aimerai toujours mon ennemie. Et elle, a-t-elle le droit de m'accepter comme ami ? Oui, certainement, parce que je l'aime. Elle me déteste – et elle n'a pas tort – puisque j'ai tué celui qu'elle aimait. Suis-je donc son ennemi ? Non, certes, son ami plutôt car jamais je n'ai tant aimé quelqu'un.

« Je souffre pour ses beaux cheveux, plus brillants que l'or fin tant ils luisent ; la colère me prend et m'enflamme quand je la vois se les arracher. Je souffre de voir ses pleurs qui ne cessent de couler ; mais même baignés de larmes intarissables, ses yeux n'ont jamais eu leurs pareils. Je souffre de la voir pleurer et blesser son visage qui ne mérite pas cela car je n'en ai jamais vu de mieux fait, de plus frais, avec un si beau teint. Elle n'hésite vraiment pas à s'infliger le plus grand mal possible ; aucun cristal, aucune glace n'est aussi beau ni aussi poli que sa gorge, ni aussi maltraité. Dieu ! Pourquoi tant de violence ? Pourquoi tord-elle ses blanches mains, blesse-t-elle et égratigne-t-elle sa poitrine ? Ne serait-ce pas un merveilleux spectacle si elle était heureuse puisqu'elle est si belle dans le chagrin ? Oui, vraiment, je le jure, jamais la nature n'a créé une œuvre plus belle, mais peut-être n'a-t-elle jamais essayé ! Comment est-ce possible ? D'où vient une aussi grande beauté ? Dieu l'a faite de sa main pour étonner la nature qui perdrait son temps à tenter d'imiter cette femme, sans jamais y parvenir. Même Dieu, s'Il voulait s'en donner la peine, ne réussirait pas, je crois, à en faire une autre aussi belle, quelque effort qu'Il fasse. »

C'était en ces termes que monseigneur Yvain parlait de celle que la douleur brisait; jamais, je crois, il n'y eut prisonnier qui aime si follement, sans pouvoir exprimer sa passion. Yvain resta à la fenêtre jusqu'à ce que la dame s'en retourne et qu'on fasse descendre les deux portes coulissantes. Un autre s'en serait affligé, qui aurait préféré sa délivrance à un séjour prolongé. Mais ce n'était pas le cas d'Yvain : peu lui importait qu'on ferme ou qu'on ouvre les portes. Il ne s'en irait pas, même si elles étaient ouvertes et que la dame le laisse partir, lui pardonnant avec bonté la mort de son époux et lui permettant de s'éloigner en toute sécurité. L'amour et la honte le retenaient : il était déshonoré s'il s'en allait car personne ne croirait son histoire. Par ailleurs, il éprouvait un tel désir de voir la belle dame, à défaut d'en obtenir davantage, qu'il ne se souciait pas de la prison : il préférait la mort au départ. La demoiselle réapparut pour lui tenir compagnie, le consoler, le divertir, lui procurer tout ce qu'il désirait. Elle le trouva sans énergie et abattu, à cause de l'amour qui le tenait.

« Monseigneur Yvain, lui dit-elle, comment avez-vous passé le temps aujourd'hui ?

– Cette journée, répond-il, m'a beaucoup plu.

– Plu ? Dites-vous la vérité, alors qu'on vous cherche pour vous tuer, à moins de vouloir votre propre mort ?

– Vraiment, ma douce amie, fit-il, je ne voudrais pas mourir ; toutefois, Dieu m'en est témoin, ce que j'ai vu m'a beaucoup plu, me plaît et me plaira toujours.

– N'en parlons plus, dit-elle, je vois bien ce que vous voulez dire ; je ne suis pas assez idiote ou folle pour ne pas comprendre ce discours. Mais suivez-moi ; je vais vite m'occuper de vous faire sortir de prison et je vous protègerai de tout.

– Soyez certaine, lui répond-il, que je ne partirai pas comme un voleur, en cachette. Quand la foule sera toute assemblée dans les rues, je m'en irai avec plus d'honneur que je ne le ferais à la nuit. »

À ces mots, il la suivit dans la petite chambre. La demoiselle, rusée comme une Bretonne, se montra très empressée à le servir et elle lui donna ce dont il avait besoin. Le moment venu, elle se souvint des paroles d'Yvain : il avait vu quelque chose qui lui avait beaucoup plu, alors que, dans la salle, le cherchaient ceux qui pensaient le tuer.

Le mariage d'Yvain et de la dame de Landuc

La demoiselle s'entendait si bien avec sa maîtresse qu'elle ne craignait pas d'aborder avec elle tous les sujets, si importants soient-ils, car elle était sa gouvernante et sa confidente. Pourquoi aurait-elle eu peur de réconforter sa maîtresse et de lui donner de bons conseils ?

Lors de leur premier entretien en tête à tête, elle lui dit :

« Madame, je suis très étonnée de vous voir agir aussi follement. Pensez-vous que votre douleur redonnera vie à votre époux ?

– Pas du tout, répondit-elle, mais je voudrais mourir de chagrin.

– Pourquoi ?

– Pour suivre mon époux.

– Le suivre ? Dieu vous en garde ! Qu'Il vous accorde plutôt un nouvel époux aussi vaillant.

– Quel mensonge dis-tu là ! Il ne pourrait m'en donner un d'aussi vaillant !

– Il vous en donnera un meilleur, si vous consentez à l'accepter et je vous le prouverai.

– Va-t'en ! Tais-toi ! Jamais je ne trouverai un tel homme !

– Je vous dis que si, si vous le voulez. Mais, dites-moi, sans vous fâcher : votre terre, qui la défendra quand le roi Arthur y viendra ? Car il doit venir la semaine prochaine au perron et à la fontaine. Vous en avez été avertie par la Demoiselle Sauvage[1] qui vous a envoyé une lettre. Ah ! C'est bien la peine ! Vous devriez prendre tout de suite conseil sur la défense de votre fontaine et vous n'en finissez pas de pleurer ! Vous feriez mieux de vous dépêcher, ma chère dame, car, vous le savez fort bien, tous vos chevaliers ne sont pas plus vaillants qu'une seule chambrière[2]. Jamais le plus vantard d'entre eux ne prendra un écu ou une lance. Vous ne manquez pas de lâches autour de vous, et vous n'en trouverez pas un d'assez courageux pour combattre. Le roi vient avec une armée immense et il prendra tout sans résistance. »

La dame savait très bien que la demoiselle la conseillait avec franchise ; mais elle nourrissait la même folie que presque toutes les femmes qui refusent de faire ce dont elles ont envie.

1. Messagère mystérieuse qui ne réapparaît pas dans le roman.
2. Femme de chambre.

Première partie

« Va-t'en, dit-elle, ne m'en dis pas davantage. Si jamais tu me parles encore, tu n'auras d'autre solution que de fuir. À tant parler, tu me mets en colère.

– Parfait, madame! On voit bien que vous êtes une femme qui se fâche quand elle entend de bons conseils. »

Alors, la demoiselle quitta les lieux et la laissa seule. La dame réfléchit et comprit qu'elle avait eu tort; elle aurait bien aimé savoir comment la demoiselle prouverait qu'il existe un chevalier supérieur à son mari. Elle y pensa jusqu'au retour de la jeune fille qui ne respecta pas la défense de parler qui lui avait été faite et lui dit aussitôt :

« Ah, dame! est-ce bien raisonnable de vous laisser mourir de chagrin? Au nom de Dieu, reprenez-vous et cessez de vous morfondre, ne serait-ce que par crainte du déshonneur : il ne convient pas à une femme de votre rang de demeurer si longtemps en pleurs. Rappelez-vous votre honneur et votre grande noblesse. Croyez-vous que toute prouesse soit morte avec votre époux? Il reste cent hommes aussi bons et cent encore meilleurs de par le monde!

– Que Dieu me confonde si tu dis vrai! Nomme-moi un seul homme qui ait la réputation d'être aussi vaillant que mon mari durant toute sa vie.

– Vous m'en voudriez, vous vous fâcheriez et me menaceriez à nouveau.

– Je n'en ferai rien, je t'assure.

– Qu'il en soit fait ainsi pour votre bonheur et qu'il vous accompagne toute votre vie, si seulement vous voulez l'accepter – et Dieu fasse que vous l'acceptiez! Je ne vois pas pourquoi je me tairais car personne ne nous écoute. Vous me jugerez sûrement téméraire mais je crois bien que je vais parler. Quand deux chevaliers en armes se sont affrontés en combat singulier, qui croyez-vous qui vaille davantage, si l'un a vaincu l'autre ? Pour moi, je donne le prix au vainqueur. Et vous, qu'en dites-vous ?

– J'ai l'impression que tu me tends un piège car tu veux me prendre au mot.

– Ma foi, vous comprenez bien que je vais à l'évidence : le vainqueur de votre mari lui est supérieur. Il l'a vaincu et pourchassé avec une telle hardiesse qu'il l'a enfermé dans sa propre demeure.

– Voilà, répondit-elle, le discours le plus fou qui ait jamais été prononcé. Loin de moi, esprit du mal ! Loin de moi, fille écervelée et odieuse ! Ne répète jamais pareille sottise et ne te représente plus devant moi pour tenir de tels discours.

– Bien sûr, madame, je savais bien que vous m'en voudriez et je vous l'avais prédit. Mais vous m'aviez promis que vous ne seriez pas en colère et que vous ne m'en tiendriez pas rancune. Vous n'avez pas tenu votre promesse : vous m'avez fait des reproches et j'ai perdu une bonne occasion de me taire. »

Aussitôt, elle retourna dans sa chambre où se trouvait monseigneur Yvain sur qui elle était contente de veiller. Mais il était malheureux car il ne pouvait voir la dame ; il ne se doutait pas de la discussion commencée par la demoiselle.

Toute la nuit, la dame réfléchit car la défense de sa fontaine lui causait beaucoup de souci. Alors, elle commença à se repentir d'avoir blâmé la demoiselle car elle était sûre et certaine que celle-ci avait agi ni dans l'espoir d'un salaire, ni pour une récompense, ni par attachement pour le chevalier. La demoiselle aimait davantage sa dame que le chevalier ; elle ne lui conseillerait rien de honteux ou de déshonorant car c'était vraiment une amie sincère.

Voilà l'état d'esprit de la dame : elle n'imaginait pas que celle qu'elle avait rabroué l'aimerait de nouveau de bon cœur ; quant à celui qu'elle avait rejeté, elle le mettait hors de cause, en toute justice, car, selon la raison et selon le droit, il ne lui avait fait aucun tort. Elle l'imagina comparaissant devant elle et commença alors à engager le débat.

« Nies-tu que mon mari soit mort à cause de toi ?

– Je ne le conteste pas, répondit-il, et le concède bien volontiers.

– Pour quelle raison l'as-tu tué ? As-tu agi pour me faire du mal ? par haine ? par mépris ?

– Que la mort me prenne à l'instant si j'ai agi pour vous faire du mal.

– Donc tu n'as commis aucun crime contre moi ; contre lui, tu n'as eu aucun tort non plus puisque, s'il l'avait pu, il t'aurait tué ; aussi, je crois pouvoir dire que j'ai bien jugé et selon le droit. »

Ainsi, elle prouvait, selon le bon sens et la raison, qu'elle n'avait pas le droit de haïr le chevalier ; elle disait ce qu'elle aimerait entendre et elle s'enflammait toute seule, comme la bûche qui fume jusqu'à ce que la flamme s'allume, sans que personne ne souffle pour l'attiser. Si la demoiselle était venue à ce moment-là, elle aurait remporté la cause pour laquelle elle avait tant plaidé, mais qui lui avait fait essuyer bien des injures.

Le matin, la demoiselle revint et recommença son discours là où elle l'avait laissé ; la dame baissait la tête car elle savait qu'elle avait mal agi en lui faisant des reproches. Elle souhaitait réparer son erreur, demander le nom et l'origine du chevalier ; avec sagesse, elle prit la parole :

« Je veux vous présenter mes excuses pour les affronts et humiliations que je vous ai infligés, comme une insensée ; je me range à votre avis. Mais dites-moi, si vous le savez, qui est le chevalier dont vous avez si longtemps plaidé la cause. De quelle famille est-il issu ? S'il est d'une condition égale à la mienne[1], je ferai de lui le seigneur de mon domaine et de ma personne. Mais il faudrait faire en sorte d'éviter tout commentaire comme : "Voilà celle qui a épousé le meurtrier de son mari".

– Au nom de Dieu, madame, on y veillera. Vous aurez le mari le plus généreux, le plus noble et le plus beau qui ait jamais appartenu au lignage d'Abel[2].

– Quel est son nom ?

– Monseigneur Yvain.

– Par ma foi, il n'a rien d'un rustre ; bien au contraire, il est d'excellente noblesse, je le sais fort bien, car c'est le fils du roi Urien.

– Par ma foi, madame, vous dites vrai.

– Et quand pourrons-nous le voir ?

– Dans cinq jours.

– C'est trop long ; je voudrais qu'il soit déjà ici. Qu'il vienne ce soir ou demain au plus tard.

– Madame, même un oiseau ne volerait aussi vite en un seul jour. Je vais envoyer un messager très rapide ; il atteindra, je l'espère, la cour du roi Arthur avant demain soir.

– Ce délai est beaucoup trop long. Dites-lui d'être de retour ici demain soir. Qu'aucune affaire ne le détourne

---

1. Les femmes nobles ne peuvent se marier qu'avec des seigneurs de même rang qu'elles.
2. À l'espèce humaine. Dans la Bible, Abel est le fils d'Adam et Ève.

d'arriver au plus vite : s'il s'en donne la peine, il fera deux journées en une seule. Cette nuit, la lune luira. Qu'il fasse de la nuit un véritable jour. Je lui donnerai en retour ce qu'il voudra obtenir de moi.

– Comptez sur moi : vous le verrez dans trois jours au plus tard. Dans l'intervalle, convoquez vos gens et demandez-leur conseil au sujet de la venue du roi. Vous devez prendre une décision pour défendre votre fontaine. Nul n'aura assez d'arrogance pour se vanter d'y aller. Alors vous pourrez déclarer à bon droit qu'il faudrait vous marier, qu'un chevalier très renommé demande votre main et que vous n'osez la lui accorder sans leur approbation à tous. J'en prends la responsabilité. Je connais bien leur lâcheté : pour se délivrer sur autrui du fardeau qui chargerait trop leur barque, ils viendront tous se jeter à vos pieds et vous remercieront car ils seront délivrés d'une grande frayeur. Qui a peur de son ombre se débarrasse volontiers des combats à la lance ou au javelot car ces rencontres tournent mal pour les lâches.

– Par ma foi, je le veux ainsi, répond la dame. J'avais pensé faire ce que vous avez expliqué et c'est exactement ainsi que nous procéderons. Mais pourquoi restez-vous ici ? Allez ! Ne vous retardez pas davantage ! Ramenez-le tandis que je resterai avec mes gens. »

Ainsi s'acheva leur entretien.

La demoiselle fit semblant d'envoyer chercher monseigneur Yvain sur ses terres alors que, chaque jour, elle lui faisait prendre un bain, lui lavait la tête et le peignait. En outre, elle lui préparait un vêtement en fine laine rouge écarlate, fourré de vair[1], encore saupoudrée de craie[2]. Elle ne négligeait rien pour sa parure : une boucle en or ferme son col, ornée de pierres précieuses, très élégante ; il avait une ceinture et une bourse taillées dans une riche étoffe. Elle l'avait bien paré puis elle annonça à sa dame que le messager était revenu.

« Comment ! Quand arrivera monseigneur Yvain ?

– Il est déjà là.

– Déjà ? Qu'il vienne au plus tôt, en secret, tant qu'il n'y a personne chez moi. Veillez à ce que personne n'entre car je détesterais être interrompue. »

La demoiselle s'éclipsa aussitôt et retourna vers son hôte. Elle n'afficha pas sur son visage la joie qu'elle éprouvait dans son cœur.

« Monseigneur Yvain, dit-elle, par Dieu, il n'est plus nécessaire de garder le secret : les choses sont allées si bon train que ma dame sait tout. Elle m'a fait beaucoup de reproches et me déteste. Elle m'a réprimandée, mais elle m'a assuré que je pouvais vous conduire auprès d'elle, sans qu'il ne vous soit fait le moindre mal ou préjudice. Elle ne vous fera rien, sauf – je ne dois pas mentir car je vous trahirais – qu'elle souhaite vous garder en sa prison ; elle veut donc votre corps et votre cœur.

– Oui, dit-il, j'y consens volontiers et je désire être son prisonnier.

– Vous le serez donc ! Venez maintenant mais suivez mon conseil : comportez-vous très simplement devant elle pour qu'elle ne vous impose pas une dure prison. Soyez sans crainte car je ne crois pas que vous trouviez cette prison trop pénible. »

1. Voir note 6, p. 21.
2. Preuve que le vêtement est neuf.

La demoiselle l'emmena : elle l'inquiétait puis le réconfortait tour à tour en lui parlant à mots couverts de la prison où il allait être jeté ; car on ne peut être ami, sans être prisonnier. À bon droit appelle-t-on prisonnier celui qui aime car il est vraiment en prison. La demoiselle mena monseigneur Yvain là où il serait fort apprécié ; pourtant il craignait d'être mal accueilli et cette crainte n'était pas sans fondement. Ils trouvèrent la dame assise sur une couette vermeille. Monseigneur Yvain ressentit, je vous l'assure, une grande peur en entrant dans la chambre car la dame ne disait mot. Cet accueil le glaça d'effroi ; il resta interdit[3] car il crut à une trahison. Il se tint éloigné de la dame jusqu'à ce que la demoiselle prenne la parole.

« Que soit mille fois maudite, dit-elle, celle qui mène dans la chambre d'une belle dame un chevalier qui ne s'en approche pas, qui n'a ni langue ni bouche ni intelligence pour l'aborder. »

À ces mots, elle le tira par la main et lui dit :

« Venez là, chevalier, et n'ayez pas peur que ma dame vous morde ; demandez-lui plutôt de faire la paix avec vous ; nous la prierons tous deux de vous pardonner la mort d'Esclados le Roux, son mari. »

Monseigneur Yvain joignit les mains et, à genoux, déclara comme un ami véritable :

« Madame, jamais, en vérité, je n'implorerai votre pitié ; au contraire, je vous remercierai pour tout ce que vous me ferez subir, car rien ne saurait me déplaire.

– Rien, seigneur ? Et si je vous tuais ?

– Madame, grand merci à vous : je ne dirais rien d'autre.

3. Très étonné, stupéfait.

— Je n'ai jamais rien entendu de tel, répondit-elle ; vous vous placez de votre plein gré sous mon autorité, sans que je ne vous l'impose.

— Madame, aucune force n'est aussi puissante que celle qui me commande d'approuver votre volonté en tout et pour tout. Je ne redoute rien qu'il vous plaise de me commander et, si je pouvais réparer la mort de votre mari – que j'ai donnée sans me déshonorer –, je le ferais sans me plaindre.

— Comment ? Avouez que vous m'avez fait du tort en tuant mon mari !

— Madame, de grâce, fit-il, quand votre époux m'a attaqué, quel tort ai-je eu de me défendre ? Si on veut vous tuer ou vous faire prisonnier et si vous tuez pour vous défendre, dites-moi en quoi il y a crime.

— En rien, si on considère bien le droit et je crois que je ne gagnerais rien à vous faire tuer. Mais je voudrais vraiment savoir d'où vient cette force qui vous commande de consentir à toutes mes volontés, sans réserve. Je vous tiens quitte[1] de tous les torts et de tous les crimes. Asseyez-vous et racontez-moi ce qui vous dompte.

— Madame, dit-il, la force vient de mon cœur qui s'est attaché à vous ; c'est mon cœur qui m'a donné cet état.

— Et qui a inspiré votre cœur ?

— Madame, ce sont mes yeux.

— Et ces yeux, qu'ont-ils contemplé ?

— Votre grande beauté.

— Et cette beauté, quel a été son crime ?

— Madame, elle m'inspire de l'amour.

— De l'amour ? Et pour qui ?

[1]. Je vous pardonne.

Première partie

– Pour vous, ma chère dame.
– Moi ?
– Oui, vraiment.
– Et de quelle manière ?
– D'une manière telle qu'il ne peut y avoir de plus grand amour, de manière telle que mon cœur ne vous quitte pas et que jamais il n'ira ailleurs, de manière telle que je ne pense qu'à vous, que je suis tout à vous et que je vous aime plus que moi-même, de manière telle que, pour vous, librement, je veux, si tel est votre désir, mourir ou vivre.
– Et pour moi, oseriez-vous promettre de défendre ma fontaine ?
– Oui, sans difficulté, madame, contre n'importe qui.
– Sachez-le donc : nous sommes d'accord. »

C'est ainsi qu'ils passèrent un accord. La dame qui avait auparavant réuni le conseil de ses barons déclara :
« Quittons ces lieux et dirigeons-nous vers la salle où se trouvent mes gens – qui m'ont conseillée et aidée dans la nécessité où ils me voyaient. Ils consentent à mon mariage et je me plierai à cette nécessité. Ici même, je me donne à vous car je ne dois pas refuser un mari qui est bon chevalier et fils de roi. »
La demoiselle voyait ses vœux se réaliser : monseigneur Yvain allait devenir maître et seigneur, encore plus qu'on ne saurait le dire. La dame le conduisit dans la salle, pleine de chevaliers et d'autres gens. Monseigneur Yvain était tellement beau[2] que tout le monde l'admirait. À son arrivée, tous se levèrent, le saluèrent et s'inclinèrent devant lui. Ils pressentaient la suite :

2. Au Moyen Âge, la beauté est indissociable des qualités morales.

« C'est lui que la dame va épouser ; malheur à qui le lui défendra car c'est un parfait chevalier. Même l'impératrice de Rome ne s'abaisserait pas en l'épousant. S'ils ont déjà échangé leurs promesses, main dans la main, elle pourrait l'épouser aujourd'hui ou demain. » C'est ainsi que pensait toute l'assemblée.

Un banc se trouvait à l'extrémité de la salle : la dame alla s'y asseoir pour que tous puissent la voir. Monseigneur Yvain était sur le point de s'asseoir à ses pieds quand elle le fit se relever. Elle invita le sénéchal à prendre la parole pour que tous entendent son discours. Il commença, sans hésiter ni bégayer :

« Seigneurs, la guerre nous menace : le roi se prépare en toute hâte à venir dévaster nos terres. D'ici une quinzaine de jours, notre pays sera livré au pillage s'il n'a pas un bon défenseur. Quand notre dame s'est mariée, il y a moins de sept ans[1], elle avait suivi vos conseils. Son mari est mort et elle en souffre. Désormais, celui qui dirigeait si bien ce pays est six pieds sous terre. Quelle tristesse qu'il ait si peu vécu ! Une femme ne porte pas d'écu et ne frappe pas avec une lance. Elle compense cette situation en épousant un bon mari. Aujourd'hui, plus que jamais, elle en a besoin ; conseillez-lui tous de prendre un mari, comme la tradition le veut dans ce château depuis plus de soixante ans. »

À ces paroles, tous donnèrent leur accord et se jetèrent aux pieds de la dame : ils la pressèrent vivement de se marier. Elle se faisait prier pour accomplir ce qu'elle désirait. Elle accorda, comme malgré elle, ce qu'elle aurait fait de toute façon, même si tous s'y étaient opposés. Puis elle prit la parole :

---

[1]. Calogrenant date aussi son récit de près de 7 ans (voir p. 20).

Première partie

« Seigneurs, puisque vous le voulez, j'accepte le chevalier qui se trouve à mes côtés car il m'a beaucoup implorée et recherchée. Il veut faire respecter mon honneur et se mettre à mon service, et je l'en remercie. Faites de même vous aussi. Jamais encore je ne l'avais rencontré, mais j'avais beaucoup entendu parler de lui : il est de haute lignée. C'est le fils du roi Urien. En plus, il est si brave, si noble et si sage que personne ne me dissuadera[2] de l'épouser. Je crois que vous avez tous entendu parler de monseigneur Yvain. C'est bien lui qui me demande en mariage. J'aurai un époux encore plus noble que je ne pouvais l'espérer.

– Avant la fin du jour, répondirent-ils, vous serez mariée, si vous agissez avec sagesse. C'est grande folie que de tarder à profiter de cette aubaine. »

Ils la prièrent tant qu'elle leur accorda ce qu'elle aurait fait de toutes les manières par amour. Mais elle s'engagea avec honneur puisqu'elle avait le consentement de ses gens. Loin de la contrarier, leurs prières encouragèrent son cœur à exaucer son désir. Le cheval rapide va encore plus vite si on l'éperonne. En présence de tous ses barons, la dame s'engagea avec monseigneur Yvain. Par la main d'un de ses chapelains[3], il prit pour épouse la dame de Landuc, fille du duc de Landudet qui inspira un lai[4]. Le jour même, sans délai, il l'épousa et on célébra leurs noces. On y vit beaucoup de mitres et de crosses[5], car la dame de Landuc avait fait venir ses évêques et ses abbés. Il y avait beaucoup de monde et de richesses. La joie et l'allégresse furent plus grandes que je ne saurais le conter, même si je prenais le temps. Je préfère me taire plutôt que de ne pas être à la hauteur de mon sujet.

2. Ne m'empêchera.
3. Prêtre de sa chapelle.
4. Mélodie qui peut ou non comporter des paroles.
5. Insignes des évêques.

Pause lecture 1

Première partie
Yvain et la dame de Landuc

Calogrenant et l'aventure de la fontaine merveilleuse p. 17 à 30

Avez-vous bien lu ?

À la fontaine merveilleuse, la tempête se déclenche si :
- ❏ on se baigne dans la fontaine.
- ❏ on boit son eau.
- ❏ on en verse sur le perron.

Un chevalier-conteur à la cour du roi Arthur (l. 1 à 99)

1. Qu'est-ce qu'un bon auditeur selon Chrétien de Troyes (l. 89 à 99) ?
2. Calogrenant est-il fier de son aventure ? Pourquoi ?
3. Qui lui demande de continuer son récit ?

Le récit de Calogrenant (l. 100 à 322)

4. La description du gardien des taureaux (l. 156 à 167) est-elle flatteuse ? Relevez toutes les comparaisons et les métaphores. Quel rôle ce récit joue-t-il dans l'aventure de Calogrenant ?
5. En quoi la fontaine est-elle merveilleuse ? Qu'est-ce qui provoque l'arrivée du chevalier gardien de la fontaine ?
6. Le combat de Calogrenant et du chevalier est-il rapide ou long ? Comment se termine-t-il ? Dans quel état d'esprit Calogrenant revient-il de son expédition ?

Pause lecture 1

Yvain tente l'aventure de la fontaine p. 30 à 47

Avez-vous bien lu ?

Les gens du chevalier gardien de la fontaine ne trouvent pas Yvain car :
- ❏ il a un anneau d'invisibilité.
- ❏ il s'est caché dans une tour.
- ❏ il s'est enfui.

Yvain, un vaillant chevalier (l. 1 à 143)

1. Pourquoi Yvain part-il seul tenter l'aventure de la fontaine merveilleuse ? Quelles sont ses intentions ?
2. Montrez que le combat d'Yvain contre le chevalier est différent de l'affrontement de ce dernier avec Calogrenant : par sa durée, sa férocité, sa cruauté et sa dignité. Justifiez votre réponse par des citations. Qui gagne ?

Yvain, un chevalier amoureux (l. 144 à 467)

3. Comment Yvain se retrouve-t-il prisonnier dans le château du gardien de la fontaine ? Cherchera-t-il à s'échapper ? Pourquoi ?
4. Yvain tombe-t-il amoureux par l'effet d'un coup de foudre ? Pourquoi craint-il de ne pas être aimé ?
5. Pourquoi la demoiselle apporte-t-elle son aide à Yvain ? Selon vous, trahit-elle son seigneur mort ? sa dame ?
6. Quelle est la réaction de la dame de Landuc après la mort de son époux (l. 244 à 255 et 276 à 300) ? Quelle image avait-elle de lui ?

Pause lecture 1 — Première partie

Le mariage d'Yvain et de la dame de Landuc p. 47 à 59

Avez-vous bien lu ?

Par quel argument la demoiselle incite-t-elle sa dame à prendre un nouvel époux ?

- ❏ Elle est trop jeune pour rester veuve.
- ❏ Il lui faut un chevalier vaillant pour défendre sa fontaine.
- ❏ Ses gens ne la respecteront plus si elle reste veuve.

La confidente et conseillère (l. 1 à 183)

1. Relisez les dialogues entre la demoiselle et la dame de Landuc (p. 47 à 50, 52-53). En quoi est-elle très habile pour convaincre sa dame ?
Quel portrait lui fait-elle d'Yvain (l. 141 à 148) ?

2. La dame accepte-t-elle tout de suite de suivre les conseils de sa suivante ?
Dans quel passage imagine-t-elle que le chevalier est devant elle ?
Expliquez pourquoi elle finit par être impatiente de voir Yvain.

De la haine à l'amour (l. 184 à 366)

3. Relisez le dialogue entre la dame de Landuc et Yvain (l. 243 à 291). Quels arguments Yvain avance-t-il pour convaincre la dame de Landuc de l'aimer ?

4. En quoi peut-on dire que l'assemblée des barons obéit à une véritable mise en scène ? Qui l'a organisée ? Que conseillent ses gens à la dame ?
Est-elle contente de leur obéir ?

5. Yvain et la dame de Landuc se marient-ils pour les mêmes raisons ?
Justifiez votre réponse.

Pause lecture 1

Vers l'expression

Vocabulaire

1. *Yvain, le Chevalier au lion* est l'un des premiers romans de la littérature française.
   a. Quels sont les sens du nom *roman* ? Faites une phrase pour chacun d'eux.
   b. Trouvez au moins deux mots de la même famille.

2. a. Dans les deux premiers paragraphes du texte (p. 17), relevez les emplois de *courtois* et *courtoisie*. Quel est le radical de ces mots ?
   b. Citez d'autres mots de la même famille.
   c. Quel est le sens de ce mot ? Aidez-vous d'un dictionnaire et de la page 10.

3. Relisez les combats de Calogrenant et d'Yvain contre le chevalier gardien de la fontaine (p. 26-27 et p. 33-34).
   a. Repérez tous les termes qui désignent l'armement du chevalier et donnez des synonymes des noms suivants : heaume – haubert – écu.
   b. Relevez le champ lexical de la violence.
   c. À quels animaux sont comparés les combattants ?
   Quel est le rôle de ces images ?

À vous de jouer

Décrivez un monstre.

Relisez le portrait du gardien des taureaux. Faites le portrait d'un monstre, au physique et au moral, en utilisant des comparaisons avec des animaux.

Pause lecture 1 — Première partie

Du texte à l'image

Observez le document → voir dossier images p. I

Lancelot contant ses aventures.
Miniature à la peinture extraite
du manuscrit *Lancelot du lac*,
vers 1470, BnF, Paris.

1. Le personnage à droite s'appelle Lancelot. Que fait-il ? Comment se traduit son animation ?
2. Lancelot est un chevalier et un conteur : est-ce ainsi que vous imaginez Calogrenant dans *Yvain* ?
3. D'après cette image, comment se déroulaient les récitations de romans à la cour des grands seigneurs au Moyen Âge ? Le conteur lisait-il son texte ? Qu'est-ce qui, dans son attitude, nous suggère qu'il mimait la scène ?
4. Quelle image l'illustrateur donne-t-il du roi Arthur ? Est-ce un monarque puissant ? Un militaire ? Quels symboles de sa royauté pouvez-vous identifier ?
5. Les spectateurs sont-ils nombreux à l'arrière-plan ? Quelle attitude adoptent-ils ?

La fête au château

Deuxième partie

Désormais, monseigneur Yvain est seigneur et maître et le mort est vite oublié : son meurtrier a épousé sa femme et tous deux partagent le même lit. Leurs gens aiment et estiment davantage le vivant qu'ils n'aimaient et n'estimaient le défunt. Ils servirent au mieux Yvain lors de ses noces qui durèrent jusqu'à la veille du jour où le roi vint voir le prodige de la fontaine et du perron, escorté de ses compagnons, car tous les chevaliers de sa cour souhaitaient participer à l'expédition.

« Ah ! disait monseigneur Keu, qu'est donc devenu Yvain qui, après le repas, s'était vanté d'aller venger son cousin ? On voit bien que c'était après boire ! Je crois deviner : il s'est enfui parce qu'il n'a pas osé revenir ici. Pourtant il s'en était bien vanté ! Hardi est celui qui ose se vanter d'une prouesse que personne ne connaît et qui n'a pas de témoin à sa supercherie[1]. Il y a grande différence entre le lâche et le vaillant chevalier : le premier parle beaucoup de ses exploits au coin du feu, il prend les gens pour des sots et n'imagine pas qu'on le démasquera. Le vaillant chevalier, lui, serait très embarrassé d'entendre énumérer ses prouesses. En un sens, je comprends le lâche de s'estimer et se vanter lui-même. S'il ne le fait, qui le fera ? »

Ainsi parlait monseigneur Keu quand Gauvain prit la parole.

« S'il vous plaît, monseigneur Keu, s'il vous plaît ! Si monseigneur Yvain n'est pas ici, vous ignorez pourquoi. Jamais, en vérité, il ne s'est abaissé à dire sur vous de telles ignominies[2] ; il est beaucoup trop courtois.

> **La chevalerie**
>
> Au Moyen Âge, les chevaliers (au sens premier, soldats combattant à cheval) sont de véritables professionnels de la guerre. À partir du XIIe siècle, Le statut de chevalier devient héréditaire : seuls les nobles appartenant à des familles aisées peuvent y accéder.

1. Tromperie.
2. Bassesses.

Yvain, le Chevalier au lion

– Seigneur, dit l'autre, je me tais. Vous ne m'entendrez plus parler aujourd'hui puisque, je le vois, mes paroles vous fâchent. »

Pour voir la tempête, le roi versa un plein bassin d'eau sur le perron, et, aussitôt, il plut à torrents. Monseigneur Yvain ne tarda pas : il pénétra, avec ses armes, dans la forêt et arriva à grand galop sur un cheval de grande taille, imposant, robuste, impétueux et rapide. Monseigneur Keu eut envie de demander la première joute[1] car il voulait toujours commencer les tournois et les combats, sinon il aurait été très contrarié. Avant les autres, il demanda au roi de lui accorder cet affrontement.

« Keu, dit le roi, puisque tel est votre plaisir et que vous êtes le premier à en faire la demande, je ne peux vous la refuser. »

Keu le remercie puis il monte à cheval. Si à présent, monseigneur Yvain peut lui faire un peu honte, il en sera très content et le fera très volontiers car il reconnaît fort bien les armes de Keu. Il prend son écu par les courroies et Keu le sien. Ils éperonnent leurs chevaux et se précipitent l'un vers l'autre. Ils baissent leurs lances qu'ils tiennent au poing. Quand ils se heurtent, ils se donnent de tels coups que tous deux rompent leurs lances qui se fendent entièrement. Monseigneur Yvain assène un coup si puissant qu'il désarçonne[2] Keu dont le heaume heurte le sol. Monseigneur Yvain ne veut pas lui faire plus de mal. Il met donc pied à terre et prend le cheval de son adversaire. Beaucoup se réjouissent d'avoir vu ce spectacle et certains disent : « Ah ! Ah ! Vous voilà à terre, vous qui méprisiez les autres ! Cependant on vous pardonne car c'est la première fois. » Pendant ce temps,

---

[1]. Ici, affrontement à la lance.
[2]. Fait tomber de cheval.

Deuxième partie

monseigneur Yvain s'avance devant le roi. Il conduit le cheval par les rênes car il veut le rendre.

« Sire, dit-il, prenez ce cheval car j'agirais fort mal si je gardais ce qui vous appartient.

– Mais qui êtes-vous ? demanda le roi. Je ne puis vous reconnaître si vous ne vous nommez pas ou si je ne vous vois pas sans votre armure.

– C'est Yvain que vous avez devant vous ! »

Keu fut accablé de honte, humilié, terrassé et abattu car il avait dit qu'Yvain s'était enfui. Mais chez les autres, quelle liesse[3] ! Tous se réjouissaient de voir Yvain couvert de gloire. Même le roi manifesta une grande gaieté. Monseigneur Gauvain en éprouva une joie intense car de tous les chevaliers qu'il connaissait, Yvain était celui dont il appréciait le plus la compagnie.

Le roi pria Yvain de lui raconter ses aventures car il était fort curieux d'apprendre tout ce qui lui était arrivé et comment il se trouvait là. Yvain lui fit un récit complet, sans oublier les grands services rendus par la demoiselle. Il ne changea absolument rien et se rappela tout. Ensuite, il pria le roi et tous ses chevaliers de venir loger chez lui ; ce serait pour lui un honneur et une joie de les accueillir. Le roi répondit que, pendant huit jours entiers, ils lui feraient bien volontiers la joie et l'honneur de rester en sa compagnie. Monseigneur Yvain le remercia et ils ne s'attardèrent pas davantage ; ils montèrent aussitôt à cheval et se dirigèrent tout droit vers le château. Monseigneur Yvain envoya en avant de la troupe un écuyer qui portait un faucon, pour que la dame de Landuc ne soit pas surprise et que ses gens

3. Joie collective très grande.

décorent leurs maisons en l'honneur du roi. Lorsque la dame apprit que le roi arrivait, elle éprouva une grande joie. Cette nouvelle suscita un enthousiasme général et tous s'empressèrent d'aller à la rencontre du roi de Bretagne. Montés sur de magnifiques chevaux d'Espagne[1], ils saluèrent très bas le roi Arthur d'abord, puis tous ceux qui l'accompagnaient.

« Bienvenue, disaient-ils, à cette troupe de nobles chevaliers. Béni soit celui qui les conduit et qui nous donne des hôtes aussi remarquables. »

À l'arrivée du roi, le château retentit de la joie qui y régnait. On avait sorti des étoffes de soie comme ornement et on avait placé des tapis dans les rues que devait parcourir le roi. En outre, on avait déployé des tentures au-dessus des rues pour le protéger du soleil. Cloches, cors et trompettes résonnaient tellement dans le château qu'on n'aurait pas entendu le tonnerre. Des flûtes, des tambourins, des cymbales et des tambours accompagnaient le chant de jeunes filles. D'agiles jeunes gens faisaient des cabrioles ; tous manifestaient leur joie et célèbraient l'arrivée du roi comme il se doit.

La dame de Landuc parut, vêtue d'un habit digne d'une impératrice, une robe d'hermine toute neuve et sur sa tête elle portait un diadème serti de rubis. Aucune ombre de tristesse sur son visage, tout était gaieté et rire ; elle était, j'ose le dire, plus belle qu'une déesse.

Autour d'elle une foule nombreuse se pressait et tous répétaient : « Bienvenue au roi, le maître des rois et des seigneurs de ce monde ![2] » Le roi ne pouvait répondre à tous. Il vit la dame venir à lui pour lui tenir l'étrier. Il ne voulut pas lui en laisser le temps ; aussi se dépêcha-t-il de mettre pied à terre. Elle le salua et lui dit :

Les signes de richesse

Au Moyen Âge, le luxe vestimentaire se manifeste par la richesse des pierreries, la rareté des fourrures comme l'hermine, ainsi que par la qualité et la quantité des étoffes (tissus épais, soieries brodées d'or). Au XIIe siècle, la mode est à l'écarlate, une couleur rouge vif obtenue par teinture avec des colorants végétaux (comme la garance) ou animaux (comme la cochenille).

---

1. Chevaux de prestige, aussi appelés « genêts d'Espagne ».
2. Ici, le royaume d'Arthur (voir carte p. 16).

Deuxième partie

« Bienvenu cent mille fois au roi, mon seigneur, et béni soit monseigneur Gauvain, son neveu !

– Belle dame, dit le roi, que votre noble personne et votre aimable visage connaissent joie et chance. »

Puis le roi l'embrassa en la prenant par la taille avec noblesse et majesté et, de même, elle lui donna l'accolade, les bras ouverts. Je ne dirai rien de la manière dont elle accueillit les autres invités, mais jamais je n'ai entendu parler d'une réception aussi joyeuse, aussi courtoise et prévenante.

J'aurais beaucoup à vous conter sur ces réjouissances, si je ne craignais de me répandre en paroles inutiles. J'évoquerai juste la rencontre qui se fit en privé de la lune et du soleil. Savez-vous de qui je veux parler ? Le seigneur des chevaliers, le plus renommé de tous, mérite bien d'être appelé « soleil ». C'est monseigneur Gauvain que je désigne ainsi, car il fait briller la chevalerie tout comme le soleil, le matin, diffuse ses rayons et éclaire de sa lumière tous les lieux où il brille. Par « lune », j'entends une créature unique au monde, très fidèle et très secourable ; je ne le dis pas seulement à cause de son excellente réputation, mais aussi parce qu'elle s'appelait Lunete.

La demoiselle s'appelait Lunete et c'était une aimable brunette, très sage, très noble et très habile. Elle fit la connaissance de monseigneur Gauvain, qui l'appréciait et l'aimait beaucoup. Aussi lui donna-t-il le nom d'amie car elle avait sauvé de la mort son compagnon et ami. Il se mit entièrement à son service. Elle lui raconta en détail comment, à grand peine, elle avait convaincu sa maîtresse de prendre monseigneur Yvain pour époux et comment elle l'avait sauvé de ceux qui le cherchaient : il était au milieu d'eux et, pourtant, ils ne le voyaient pas[1] ! Monseigneur Gauvain rit beaucoup à ce récit et lui dit :

« Mademoiselle, je vous fais don du chevalier que je suis, pour être à votre service en cas de besoin ou même si vous n'avez pas besoin de moi ! Ne m'échangez jamais pour un autre, sauf pour un meilleur. Je suis vôtre ; soyez dorénavant ma demoiselle !

– Je vous en suis reconnaissante, seigneur », répondit-elle.

C'est ainsi que tous deux lièrent connaissance. Les autres se divertissaient aussi : il y avait là plus de soixante nobles dames de haute naissance, toutes belles, élégantes, gracieuses et habiles, vertueuses et sages. Les chevaliers les prenaient par le cou, les embrassaient, leur parlaient, les regardaient et s'asseyaient à leurs côtés. Monseigneur Yvain participait à la fête, le roi à ses côtés. Par courtoisie, la dame de Landuc les honora, tous et chacun en particulier, tant et si bien qu'il y en eu plus d'un pour s'imaginer que ces attentions et ce charmant accueil étaient inspirés par l'amour. Imbéciles sont ceux qui croient voir de l'amour quand, par courtoisie, une dame s'approche d'un malheureux, l'accueille avec joie et le prend par le cou.

Les réjouissances durèrent une semaine entière : les bois et les rivières offraient de nombreux divertissements à ceux qui les cherchaient ; ceux qui voulaient visiter les terres que monseigneur Yvain avait conquises en épousant la dame de Landuc allaient à six, cinq ou quatre lieues de là, dans les châteaux alentour.

Lorsque le roi voulut partir, on prépara ses bagages. Durant une semaine, tous avaient multiplié les prières et les efforts pour emmener avec eux monseigneur Yvain.

Les obligations du chevalier courtois

Dans la société du XIIe siècle, le chevalier ne doit plus être seulement un guerrier, il doit aussi posséder les vertus « courtoises » propres à la vie de cour : générosité, honneur, raffinement des manières, délicatesse des sentiments, respect des dames.

---

1. Allusion à l'épisode de l'anneau d'invisibilité (voir p. 36 à 39).

« Comment ? disait monseigneur Gauvain, seriez-vous de ceux qui se montrent moins vaillants à cause de leur femme ? Par la Vierge Marie, honte à celui qui se marie pour déchoir[2] ! Qui a une belle dame pour amie ou pour femme doit gagner en valeur et il n'est pas légitime qu'elle continue à l'aimer si sa valeur et sa renommée diminuent. Il souffrira à coup sûr s'il déchoit, car une femme a vite fait de reprendre son amour et elle a bien raison. Votre gloire doit grandir. Brisez le frein et les rênes ; nous irons faire des tournois pour qu'on ne vous fasse pas une réputation de jaloux. Ne rêvez plus mais fréquentez les tournois et engagez des joutes énergiques ! Il faut que vous partiez. Prenez garde, cher compagnon, de ne pas briser notre amitié. Le bonheur est plus intense quand il se fait attendre et il est plus doux d'éprouver un petit plaisir quand il tarde à venir, qu'un grand qui arrive tout de suite. Une joie amoureuse ressemble au bois vert qui brûle, dégage d'autant plus de chaleur qu'il a mis longtemps à s'allumer. Certaines habitudes sont difficiles à abandonner ; quand on veut le faire, on n'y arrive pas. Je ne dirais pas cela si j'avais une aussi belle amie que vous, mon cher compagnon. Sur la foi que je dois à Dieu et à ses saints, je la quitterais vraiment à contrecœur ! J'en deviendrais fou ! Mais on peut donner de bons conseils aux autres sans pouvoir les suivre soi-même, tout comme les prêcheurs[3] qui, traîtres imposteurs, enseignent et clament la bonne parole de Dieu sans du tout l'appliquer. »

Monseigneur Gauvain lui répéta si souvent ces paroles et insista tellement qu'Yvain promit d'en parler à sa femme et de la quitter si elle consentait à lui donner congé[4]. Folie

Deuxième partie

Le tournoi, un spectacle de bravoure

Les chevaliers s'illustrent à l'occasion de tournois qui leur apportent un gain financier. Ces divertissements se développent durant la seconde moitié du XIIe siècle. Les chevaliers y risquent leur vie et leur honneur. L'Église les juge dangereux et immoraux car ils encouragent le péché d'orgueil.

2. Perdre sa réputation.
3. Personnes qui font la morale et rappellent la parole de Dieu.
4. L'autoriser à partir.

Yvain, le Chevalier au lion

ou sagesse, il lui demanderait de partir pour retourner en Bretagne.

Il prit alors à part la dame qui ne se doutait de rien.

« Ma très chère dame, lui dit-il, vous qui êtes mon cœur, mon âme, ma richesse, ma joie et mon bonheur, accordez-moi une chose pour votre honneur et le mien. »

La dame promit aussitôt car elle ignorait ce qu'il voulait lui demander.

« Cher époux, lui dit-elle, commandez ce que bon vous semble. »

Monseigneur Yvain lui demanda alors la permission de rejoindre l'escorte du roi et d'aller participer aux tournois pour ne pas être qualifié de lâche.

« Je vous donne congé, répondit-elle, mais pour un temps donné. Mon amour pour vous se changera en haine, soyez-en sûr, si vous dépassez la date que je vais vous fixer. Je ne reviendrai pas sur ma parole. Si vous ne tenez pas la vôtre, je respecterai la mienne. Si vous voulez conserver mon amour et si vous m'aimez, pensez à revenir vers moi au plus tard dans un an, huit jours après la Saint-Jean dont on fête aujourd'hui l'octave[1]. Si vous n'êtes pas revenu au jour dit, vous perdrez mon amour. »

Monseigneur Yvain pleurait et soupirait tellement qu'il pouvait à peine parler.

« Madame, cette date est trop éloignée. Si je pouvais me transformer en colombe, je serais souvent près de vous. Je prie Dieu, s'il Lui plaît, de ne pas m'éloigner aussi longtemps de vous. Mais tel s'imagine revenir très vite, mais ignore quel sera l'avenir. Je ne sais pas ce qui m'attend ; peut-être quelque obstacle, maladie ou prison, me retiendra. Vous

[1]. Huitième jour après la fête.

→ **Du texte à l'image p. 64**

Dossier images

Lancelot contant ses aventures

Enluminure extraite du manuscrit *Lancelot du lac*, vers 1470, BnF, Paris.

I

→ **Du texte à l'image p. 93**

En haut : Combat entre Yvain et Keu.
En bas : Yvain menant le cheval de Keu devant le roi Arthur.

Miniature à la peinture, extraite du manuscrit *Yvain, le Chevalier au lion*, vers 1320-1330, BnF, Paris.

→ Du texte à l'image p. 133

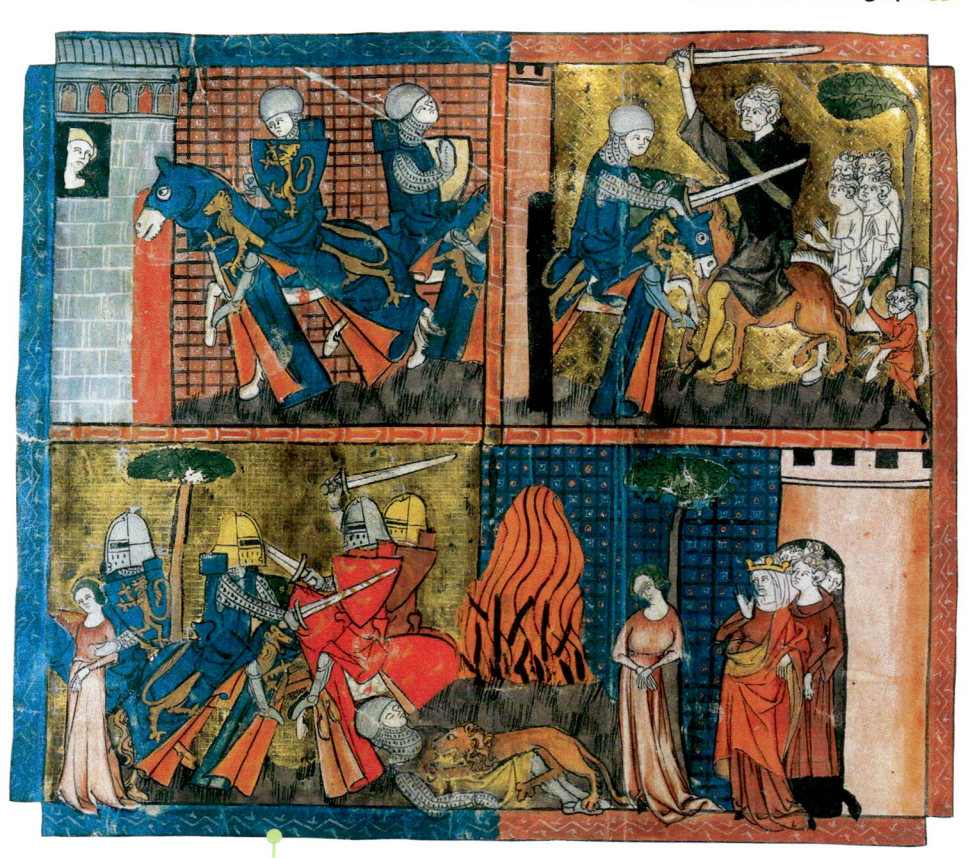

Dossier images

Miniature à la peinture extraite du manuscrit
Yvain, le Chevalier au lion, vers 1320-1330, BnF, Paris.

III

Dossier images

→ Du texte à l'image p. 171

Miniature à la peinture extraite du manuscrit *Yvain, le Chevalier au lion*, vers 1320-1330, BnF, Paris.

IV

Deuxième partie

avez eu tort de ne pas faire d'exception, en cas d'empêchement physique.

– Seigneur, dit-elle, je vous accorde cette exception. Cependant je vous assure que, si Dieu vous garde en vie, aucun contretemps ne vous retardera, tant que vous penserez à moi. Mettez à votre doigt cet anneau qui m'appartient et que je vous prête. Je vais vous dévoiler toutes les vertus de sa pierre : nul amant vrai et sincère ne peut être retenu en prison, être blessé ou subir un mauvais sort s'il le porte, s'il le chérit et s'il pense toujours à son amie. Que cet anneau vous serve d'écu et d'armure. Je n'ai jamais voulu le prêter ou le donner ; mais, par amour de vous, je vous le remets. »

Ainsi monseigneur Yvain obtint la permission de partir, mais que de pleurs au moment de se quitter ! Le roi ne voulait plus attendre davantage ; il commanda de faire venir ses palefrois équipés et harnachés. Puisque telle était sa volonté, ce fut rapidement fait. On sortit les chevaux et il n'y avait plus qu'à se mettre en selle.

Je ne sais comment raconter le départ de monseigneur Yvain, les baisers tout entremêlés de larmes et pleins de douceur. Vous conterais-je comment la dame de Landuc escorta le roi avec ses demoiselles et ses chevaliers ? Je m'attarderais trop longuement. Le roi demanda à la dame qui pleurait de ne pas aller plus loin et de rentrer chez elle. Il la pria tant qu'elle s'en retourna, à grand peine, accompagnée de ses gens.

Monseigneur Yvain s'était séparé de sa femme à regret et il lui laissait son cœur. Le roi pouvait bien emmener le corps, il n'emporterait rien de son cœur qui demeurait attaché à celle qui restait. Si le cœur manque au corps, comment vivre ? Personne n'a jamais vu quiconque vivre sans cœur. Pourtant ce prodige se produisit : le corps d'Yvain vivait sans son cœur qui n'avait pas pu le suivre. Le cœur avait une belle demeure[1] et le corps vivait dans l'espoir de la rejoindre. Mais monseigneur Yvain ne s'attendait pas, je crois, à trahir car il savait que, s'il dépassait d'un seul jour le terme fixé, il lui serait bien difficile de trouver trêve ou paix avec sa dame. C'est pourtant ce qui l'attend, je crois, car monseigneur Gauvain ne le laissera pas s'éloigner de lui.

Yvain sombre dans la folie

LES DEUX CHEVALIERS PARTICIPÈRENT À DES TOURNOIS, dans tous les lieux où on en donnait. Un an passa. Monseigneur Yvain accomplit beaucoup d'exploits durant cette année et monseigneur Gauvain prit soin de servir la gloire de son ami. Il le fit tant s'attarder que l'année entière s'écoula, et une partie de la suivante, si bien qu'on arriva à la mi-août. Le roi planta sa cour à Chester[2]. La veille, Yvain et Gauvain étaient revenus d'un tournoi dont monseigneur Yvain avait remporté le premier prix.

On raconte que les deux compagnons ne voulurent pas loger en ville. Ils firent dresser leur pavillon[3] hors de l'enceinte et y tinrent leur cour. Ils ne se rendirent à aucune assemblée, mais le roi vint à la leur car, à leurs côtés, se trouvaient les meilleurs chevaliers.

---

1. Son épouse.
2. Voir carte p. 16.
3. Tente ronde ou carrée, avec un toit en pointe.

Deuxième partie

Le roi Arthur était assis au milieu d'eux quand Yvain se mit à songer. Jamais, depuis qu'il avait quitté sa dame, il n'avait été aussi absorbé par ses pensées : il savait parfaitement qu'il avait trahi sa promesse et que la date était dépassée. Il retenait à grand-peine ses larmes, seule la pudeur les lui faisait ravaler. Il était encore dans ses pensées quand il vit face à lui une demoiselle qui arrivait très vite, au pas d'amble[4], sur un palefroi noir tacheté. Elle mit pied à terre devant le pavillon, sans que personne ne prenne les rênes de son cheval ou ne vienne l'aider à descendre[5]. Dès qu'elle vit le roi, elle laissa tomber son manteau ; tête nue, elle entra dans le pavillon et se présenta devant lui. Elle lui dit que sa maîtresse le saluait, ainsi que monseigneur Gauvain et tous les autres chevaliers, hormis[6] monseigneur Yvain, le perfide, le traître, le menteur et le hâbleur[7] qui l'avait trompée et abandonnée :

« Ma maîtresse a découvert sa perfidie : il se fait passer pour un amant fidèle alors qu'il est hypocrite, séducteur et voleur. Il a trompé ma maîtresse qui ne soupçonnait pas le mal et n'imaginait pas qu'il puisse lui dérober son cœur. Les vrais amants ne volent pas les cœurs. L'ami prend le cœur de son amie et pourtant il ne le lui dérobe pas ; au contraire il en devient le gardien, le protégeant contres les voleurs qui ont des allures de chevalier. Ce sont des voleurs hypocrites et traîtres, ceux qui se battent pour dérober des cœurs dont ils se moquent ensuite. Yvain a trahi ma maîtresse car elle lui avait dit de garder son cœur et de le lui rapporter avant un an. Yvain, tu as perdu la mémoire, tu ne te rappelles pas que tu devais revenir vers ma maîtresse au bout d'une année ; elle t'avait donné jusqu'à la fête de

4. Au petit trot.
5. Deux signes d'impolitesse.
6. Sauf.
7. Personne qui parle trop.

Yvain, le Chevalier au lion

la Saint-Jean. Tu l'as tellement méprisée que tu ne t'es plus souvenu d'elle. Ma maîtresse a fait peindre sur les murs de sa chambre tous les jours et toutes les saisons, car, quand on aime, on est suspendu à l'attente : on ne dort pas bien et, toute la nuit, on compte et on additionne les jours qui passent et ceux qui restent. La plainte de ma maîtresse est justifiée et il n'y a pas d'erreur sur la date. Je ne réclame pas justice au roi ; tout ce que je te dis, c'est que tu as trahi ma dame. Yvain, ma maîtresse ne veut plus entendre parler de toi désormais ; par ma voix, elle te demande de ne plus te présenter devant elle et de ne plus garder son anneau, mais de le lui renvoyer. Rends-le-lui, il le faut. »

Yvain ne put lui répondre car la pensée et les paroles lui manquaient. La demoiselle se précipita vers lui, lui ôta l'anneau du doigt et recommanda à Dieu[1] le roi, tous les chevaliers, sauf celui qu'elle abandonna à son immense douleur.

La souffrance d'Yvain augmentait tous les jours. Tout ce qu'il voyait la renforçait et tout ce qu'il entendait le faisait souffrir. Il voudrait fuir, tout seul, en un lieu sauvage où personne ne le chercherait, où il serait inconnu de tous, comme au plus profond de l'enfer. Il se haïssait lui-même ; il ignorait en qui trouver du réconfort puisqu'il s'était tué lui-même. Il allait enrager vif[2] avant de pouvoir se venger de lui-même qui s'était privé de toute joie. Il quitta la compagnie des barons car il craignait de perdre la raison parmi eux. Ils le laissèrent partir tout seul : ils savaient bien qu'il n'avait pas envie de leur parler ou de rester avec eux. Yvain s'éloigna très loin des tentes et des pavillons. Alors s'éleva dans sa tête

---

1. Formule de politesse habituelle.
2. Devenir fou.

La messagère de Laudine devant Arthur et les chevaliers. Miniature à la peinture (détail) extraite du manuscrit *Yvain, le Chevalier au lion*, vers 1320-1330, BnF, Paris.

> **Le retour à la nature**
>
> Le retour à la nature est considéré au Moyen Âge comme une régression au stade animal : les « vilains » sont décrits comme proches de la bête. La nudité rappelle la condition mortelle et imparfaite de l'homme ; la religion l'associe au péché.

1. Avec une pointe dentelée.
2. Signe d'un retour à la nature animale.
3. Religieux retiré dans un lieu isolé pour prier.
4. Coupait la végétation pour pouvoir cultiver.
5. Mesure variant entre 150 et 300 livres.

un tourbillon si puissant qu'il devint fou. Il déchira ses vêtements et les mit en pièces. Il fuit par les champs et les vallées, il abandonna ses gens qui, désemparés, se demandaient où il était. Ils le cherchaient partout dans les demeures, par les haies et les vergers, sans le trouver.

Il s'éloigna très vite et, près d'un enclos, trouva un valet qui portait un arc et cinq flèches barbelées[1], très acérées et très larges. Il eut assez de lucidité pour s'emparer du petit arc et des flèches que le valet tenait à la main. Il guettait les bêtes dans le bois, les tuait, puis dévorait la viande toute crue[2].

Il demeura longtemps dans les bois comme un dément revenu à l'état sauvage. Un jour il trouva la maison très basse et très petite d'un ermite[3] qui défrichait[4]. Quand il vit arriver Yvain tout nu, il comprit tout de suite que celui-ci n'avait pas toute sa raison. Il eut tellement peur qu'il se précipita dans sa cabane. Par charité, cet homme sage coupa un morceau de pain, versa de l'eau pure dans un pot et les plaça au-dehors, sur une étroite fenêtre. Yvain s'approcha car il avait très faim ; il prit le pain et mordit dedans. Jamais, je crois, il n'en avait goûté d'aussi grossier et d'aussi dur : le setier[5] de farine n'avait pas coûté vingt sous et le pain était plus amer que la levure : c'était de l'orge pétrie avec de la paille. De plus il était moisi et sec comme une écorce. Mais la faim tourmentait Yvain et le pressait ; elle était si puissante que le pain lui sembla bon, car elle accommode tous les plats à sa sauce. Monseigneur Yvain dévora tout le pain de l'ermite, qui lui parut exquis, et but de l'eau fraîche au pot.

Après qu'il eut mangé, il s'élança de nouveau dans le bois à la recherche de cerfs et de biches. Quand l'ermite le vit s'en aller, il pria Dieu de le protéger et de le conserver en Sa protection pour qu'il ne revienne plus dans son coin. Toutefois, même fou, on revient très volontiers là où on a reçu un bon accueil. Aussi longtemps qu'il souffrit de cet accès de folie, Yvain apportait tous les jours à l'ermite quelque bête sauvage devant sa porte. C'est ainsi qu'il vécut. Le saint homme écorchait[6] l'animal et faisait cuire le gibier. Le pain et l'eau dans la cruche se trouvaient, tous les jours, sur la fenêtre pour que le dément puisse se nourrir. Il avait à manger, sans sel ni poivre, et à boire, de l'eau fraîche de la fontaine. L'ermite vendait les peaux et achetait du pain d'orge, d'avoine ou de bon grain. Yvain eut dès lors toute la nourriture qu'il lui fallait, du pain en abondance et du gibier.

Yvain vécut ainsi longtemps, jusqu'au jour où, dans la forêt, deux demoiselles, qui accompagnaient une dame car elles étaient de sa suite, le trouvèrent endormi. L'une d'elles descendit de cheval et courut vers l'homme nu qu'elles voyaient. Elle le regarda longtemps avant de déceler sur lui un signe qui le lui fasse reconnaître. Elle l'avait pourtant vu si souvent qu'elle l'aurait identifié aussitôt s'il avait été vêtu aussi richement que dans le passé. Elle mit longtemps à le reconnaître; cependant, elle l'observa si bien qu'à la fin, en voyant une cicatrice qu'il avait au visage, elle se rappela que monseigneur Yvain avait la même. Elle en était sûre car elle l'avait souvent vue. Elle se demanda avec étonnement comment Yvain en était réduit à cet état, pauvre et nu. Elle ne chercha pas à le réveiller. Toute surprise, elle prit son cheval, remonta en selle et s'approcha

Deuxième partie

6. Enlevait la peau.

de ses deux compagnes pour leur raconter son aventure, toute en larmes.

« Madame, dit-elle en pleurant, j'ai trouvé Yvain, le chevalier le plus renommé du monde et le plus éprouvé[1]. Je ne sais à quel malheur ce noble héros doit d'être tombé si bas. Peut-être a-t-il eu un terrible chagrin qui l'a rendu fou car la douleur rend parfois insensé. On comprend à le voir qu'il n'a plus sa raison car jamais, en vérité, il ne se conduirait de manière aussi indigne. Ah, si Dieu lui rendait son bon sens et qu'alors Yvain consente à vous venir en aide ! Le comte Alier vous fait la guerre et vous attaque sans relâche. Le conflit se terminerait à votre honneur, si Dieu faisait recouvrer la raison au chevalier et s'il vous aidait dans cette situation difficile.

– Ne vous inquiétez pas, dit la dame, car, s'il ne s'enfuit pas, avec l'aide de Dieu, nous lui ôterons de l'esprit toute sa folie. Mais il nous faut faire vite. Je me souviens d'un baume[2] que m'a donné Morgane[3] la sage[4] : il n'existe, m'a-t-elle dit, nulle folie qu'il ne guérisse. »

Elles retournèrent au plus vite vers le château qui se trouvait à moins d'une demi-lieue, selon la mesure de la lieue propre à ce pays où elle mesure deux fois moins que la nôtre.

Yvain demeura seul, toujours endormi, alors que la demoiselle allait chercher le baume. La dame ouvrit un de ses coffrets, en retira une boîte et la remit à la demoiselle, la priant de ne pas le gaspiller. Qu'elle frotte uniquement les tempes et le front d'Yvain car il n'était pas nécessaire d'en mettre sur une autre partie du corps et qu'elle garde soigneusement le reste car le mal avait touché uniquement le cerveau.

1. Expérimenté.
2. Remède.
3. Guérisseuse célèbre, sœur du roi Arthur et mère d'Yvain.
4. Savante, experte.

Deuxième partie

La dame lui prépara un habit fourré de vair, une cotte[5] en soie écarlate. La demoiselle emporta la tenue et, de sa main droite, conduisit un excellent palefroi destiné au chevalier. Elle ajouta, de sa propre initiative, d'autres vêtements : une chemise, des braies[6] en fine étoffe et des chaussures neuves bien découpées. Munie de tous ces présents, elle prit la route. Elle trouva Yvain dormant encore, là où elle l'avait laissé. Elle guida les chevaux dans un enclos, les attacha fermement, puis elle revint à l'endroit où il était couché, avec les vêtements et le baume. Elle fit preuve d'une grande hardiesse car elle s'approcha du dément au point de pouvoir le toucher. Elle prit le baume et lui en appliqua jusqu'à vider la boîte : elle espérait tellement sa guérison qu'elle se mit à l'enduire partout sans se soucier de la recommandation de sa maîtresse ; elle ne s'en souvenait même pas. Elle en mit plus que nécessaire, pensant bien faire, lui frottant les tempes, le visage et tout le corps jusqu'aux orteils avec tant d'ardeur que la folie et la mélancolie quittèrent son cerveau. Emportant la boîte, elle se retira, mais elle laissa les habits afin que, si Dieu ramenait Yvain à la raison, il les voie au milieu du chemin, qu'il les prenne et qu'il les mette. Elle se cacha derrière un grand chêne pour l'observer. À son réveil, il fut guéri et rétabli : il avait recouvré la raison et la mémoire.

Or, quand il se vit nu comme un ivoire, il en éprouva une grande honte – il en aurait eu une plus grande encore, s'il avait compris ce qui lui était arrivé. Mais tout ce qu'il savait, c'est qu'il était nu. Il vit alors les vêtements neufs et se demanda avec stupeur par quel miracle, ils étaient arrivés

La mélancolie

La mélancolie fait partie des quatre humeurs dont le corps humain serait composé : issue de la « bile noire », elle désigne, dans le vocabulaire médical, une folie triste. À partir du XIXe siècle, le mot prend un sens plus positif et renvoie à un état de rêverie. Aujourd'hui, la psychiatrie en fait un équivalent de la dépression.

5. Tunique.
6. Pantalons.

Yvain, le Chevalier au lion | 81

là. Se voyant nu, il devint inquiet et effrayé : sa réputation était perdue si quelqu'un de sa connaissance l'avait trouvé dans cet état. Il s'habilla en regardant vers la forêt pour voir si, par hasard, quelqu'un approchait. Il voulut se lever et se tenir debout, mais il ne pouvait pas marcher. Il avait besoin de trouver de l'aide auprès d'une personne qui le secoure et le conduise car la maladie l'avait tellement affaibli qu'il tenait à peine sur ses jambes.

Alors, la demoiselle n'attendit pas davantage : elle monta à cheval et passa à côté de lui en feignant[1] de le découvrir. Yvain, qui avait grand besoin d'aide pour le conduire à un logis où recouvrer la santé, l'appela de toutes ses forces. La demoiselle regarda autour d'elle comme si elle ignorait qui l'avait appelée ; elle alla un peu à droite, un peu à gauche, car elle ne voulait pas aller directement vers lui. Lui, recommença à appeler : « Demoiselle, par ici ! par ici ! »

La demoiselle dirigea son cheval vers lui. Elle lui faisait ainsi croire qu'elle ignorait tout de lui et qu'elle ne l'avait jamais vu. Elle se conduisait avec sagesse et courtoisie. Quand elle se trouva devant lui, elle lui dit :

« Seigneur chevalier, que voulez-vous ? Pourquoi m'appelez-vous avec cette insistance ?

– Ah, dit-il, sage demoiselle, je ne sais par quel malheur je me retrouve dans ce bois. Par Dieu et par votre foi, je vous prie de me prêter ou de me donner ce cheval que vous conduisez. Je vous le revaudrai, soyez-en sûre.

– Volontiers seigneur, mais accompagnez-moi là où je vais.

– Où donc ?

– Hors de ce bois, jusqu'à un château près d'ici.

1. Faisant semblant.

Yvain déchire ses vêtements et erre nu dans les bois. Miniature à la peinture (détail) extraite du manuscrit *Yvain, le Chevalier au lion*, vers 1320-1330, BnF, Paris.

– Mademoiselle, avez-vous besoin de moi ?

– Oui, fit-elle, mais je crois que vous n'êtes pas vraiment en bonne santé ; vous devriez vous reposer au moins deux semaines. Prenez le cheval que je mène à ma droite et nous irons à ce logis. »

Yvain ne demandait rien d'autre. Il prit le cheval, l'enfourcha et ils partirent. Ils arrivèrent au milieu d'un pont, au-dessus d'une eau rapide et bruyante. La demoiselle y jeta la boîte vide qu'elle portait. Elle s'excuserait auprès de sa dame en prétendant que, sur le pont, elle avait eu la malchance de faire tomber la boîte dans l'eau : son cheval avait trébuché sous elle, la boîte lui avait échappé des mains et, pour un peu, elle tombait aussi, ce qui aurait été une perte plus grande. Voilà le mensonge qu'elle avait l'intention de dire à sa maîtresse.

Yvain combat le comte Alier

Ensemble ils firent route jusqu'au château. La dame réserva un très bon accueil à monseigneur Yvain. Elle demanda sa boîte et son baume à la jeune fille, mais seule à seule ; l'autre lui débita le mensonge qu'elle avait imaginé : elle n'osait pas lui dire la vérité. La dame fut très en colère et dit :

« C'est une lourde perte car je suis sûre et certaine qu'on ne retrouvera jamais cet onguent. Mais puisqu'il est perdu, il faudra bien m'en passer. Je croyais obtenir satisfaction et joie avec ce chevalier alors que j'ai perdu le plus précieux et le plus coûteux de tous mes biens. Cependant je vous prie de le servir en toute chose. »

Elles ne parlèrent plus de la boîte et prodiguèrent à monseigneur Yvain les meilleurs soins : elles le baignèrent, lui lavèrent la tête, lui coupèrent les cheveux et le rasèrent car on aurait pu saisir sa barbe à pleine main sur son visage. On ne lui refusa rien de ce qu'il désirait : voulait-il des armes, on l'équipait ; voulait-il des chevaux, on lui préparait une monture grande, rapide, robuste et hardie.

Il était encore au château quand, un mardi, arrivèrent le comte Alier, ses hommes en armes et ses chevaliers qui incendiaient et pillaient. Les gens du château montèrent à cheval et prirent les armes. Revêtus ou non de leur armure, ils sortirent et rattrapèrent les pillards qui, loin de s'enfuir à leur approche, les attendaient dans un passage étroit.

Monseigneur Yvain frappe dans le tas ; il s'est si bien reposé qu'il a recouvré toutes ses forces. Il assène un coup si violent sur l'écu d'un chevalier qu'il abat tout ensemble le cheval et le chevalier qui ne s'en relève pas car son cœur a éclaté dans sa poitrine et son dos s'est brisé en deux. Monseigneur Yvain recule un peu et revient à la charge. Bien protégé par son écu, il pique des deux[1] pour dégager le passage. En moins de temps qu'il n'en faut pour compter jusqu'à quatre, il abat quatre chevaliers coup sur coup. Tous ceux qui étaient à ses côtés s'enhardissent[2] en le voyant car, quand il voit un chevalier abattre devant lui une besogne considérable, le lâche est assailli par la honte et le déshonneur qui chassent de son corps son cœur défaillant, l'aiguillonnent et lui donnent le courage d'un

Deuxième partie

1. Éperonne son cheval pour le faire avancer plus vite.
2. Prennent courage.

cœur preux[1] et vaillant. Ainsi chacun tient avec honneur sa place dans la mêlée et la bataille.

La dame monta en haut de la tour de son château ; elle aperçut la mêlée et les combats singuliers menés pour dégager le passage. Elle vit beaucoup de blessés et de tués, plus chez les ennemis que dans son camp, car monseigneur Yvain, en courtois chevalier, plein de hardiesse et de vaillance, s'était attaqué aux ennemis, comme le faucon aux sarcelles[2]. Tous celles et ceux qui étaient restés au château et regardaient les combats, disaient :

« Ah ! quel vaillant combattant ! Comme il fait plier les ennemis ! Comme il les attaque rudement ! Il les combat exactement comme le lion s'attaque aux daims quand la faim le tenaille et le presse. Tous nos chevaliers en deviennent plus hardis et plus terribles. Sans lui, on ne les aurait pas vu briser des lances et sortir l'épée pour frapper. Quand on trouve un homme de cette trempe, il faut l'aimer et le chérir. Voyez comme il se comporte ! Voyez comme il se tient constamment au premier rang ! Voyez comme il fait jaillir le sang de sa lance et de son épée nue ! Voyez comment il bouscule ses adversaires ! Voyez comme il les presse, comme il fond sur eux, comme il les frappe, comme il esquive et retourne au combat ! Voyez, quand il se rue dans la mêlée, comme il se soucie peu de son écu qu'il laisse mettre en morceaux ! Il n'en a aucune pitié mais il brûle de se venger des coups qu'il reçoit. Lui aurait-on fabriqué des lances avec tout le bois de la forêt d'Argonne[3], il n'en resterait plus une seule à présent. Autant il tient de lances sur le feutre[4], autant il en brise et en demande d'autres. Regardez comment il se bat à l'épée ! Jamais Roland n'a tué autant de Turcs avec

[1]. Courageux.
[2]. Canards de petite taille.
[3]. Forêts du Nord de la France, qui a inspiré de nombreuses légendes.
[4]. Arrêt fixé au plastron de fer pour caler la lance au cours de l'assaut.

Deuxième partie

Durandal[5], à Roncevaux ou en Espagne. Elle sera née sous une bonne étoile celle qui gagnera l'amour d'un chevalier aussi fort dans la maîtrise des armes et remarquable entre tous, comme le cierge surpasse les chandelles, la lune, les étoiles et le soleil, la lune. »

Yvain a si bien conquis le cœur des hommes et des femmes que tous voudraient qu'il épouse la dame et gouverne le pays. Tous et toutes l'estiment, en vérité, à sa juste valeur car il a si bien chargé les assaillants qu'ils s'enfuient à qui mieux mieux[6]. Il les harcèle de près, suivi de ses compagnons rendus plus forts par sa présence, comme par une muraille protectrice en pierre solide, haute et épaisse. La poursuite dure très longtemps ; finalement les fuyards s'épuisent. Les poursuivants les mettent en pièces et éventrent leurs chevaux. Les vivants se mêlent aux morts, se blessent les uns les autres et se tuent ; ils se battent horriblement.

Cependant, le comte réussit à s'enfuir, mais monseigneur Yvain n'hésite pas à le suivre et le talonne. Il le rejoint au pied d'une haute montagne, tout près de l'entrée d'un château fort qui lui appartient. Là, il fait prisonnier le comte que nul ne peut secourir. Sans longues discussions, monseigneur Yvain lui fait jurer hommage[7]. Le comte s'engage à se rendre à la dame de Noroison, à se constituer prisonnier et à accepter ses conditions de paix. Quand il a obtenu de lui ce serment, Yvain lui fait enlever son heaume, ôter son écu et rendre son épée. Il a donc l'honneur d'emmener le comte prisonnier et de le remettre à ses ennemis qui manifestent une immense joie.

Avant leur arrivée, la nouvelle parvint au château. Tous et toutes sortirent à leur rencontre, la dame en tête.

---

5. Nom de l'épée légendaire de Roland.
6. Aussi vite que possible.
7. Fait de lui le vassal de la dame de Noroison.

Monseigneur Yvain tenait son prisonnier par le bras et le lui remit. Le comte se plia entièrement à la volonté et aux conditions de la dame ; il s'engagea sur sa foi, par serment et avec des garanties. Il promit de maintenir la paix avec elle, de réparer les pertes en construisant des maisons neuves pour remplacer celles qu'il avait détruites.

Lorsque ces questions furent réglées selon les volontés de la dame de Noroison, monseigneur Yvain lui demanda son congé. Elle ne le lui aurait pas donné s'il avait voulu la prendre pour épouse ou pour amie. Mais il n'accepta même pas de se laisser accompagner ni escorter. Il partit aussitôt et reprit la route sans céder aux prières. Il laissa la dame très malheureuse, après l'avoir beaucoup réjouie. Elle aurait bien voulu lui faire honneur et le rendre maître de tous ses biens. Elle lui aurait donné, contre ses bons services, toutes les récompenses qu'il aurait souhaitées. Mais sans prêter attention aux discours des uns et des autres, malgré leur grande affliction, il quitta les chevaliers et la dame qui ne purent le retenir davantage.

Pause lecture 2

Deuxième partie
La folie d'Yvain

La fête au château p. 65 à 74

Avez-vous bien lu ?

Quand le roi Arthur verse de l'eau sur le perron, le gardien de la fontaine arrive ; c'est :
- ❏ Esclados le Roux.
- ❏ le gardien des taureaux.
- ❏ Yvain.

Un intermède comique (l. 1 à 72)

1. Le comportement de Keu relève-t-il du comique de paroles, de gestes, de situation ? Pourquoi l'auteur introduit-il un épisode amusant dans son récit ?

La fête en l'honneur du roi Arthur (l. 73 à 172)

2. Montrez que la fête est un plaisir pour les sens (vue, ouïe, toucher). Quel est le comportement de ceux qui participent à cet événement ?
3. Qui parle dans le paragraphe « J'aurais [...] s'appelait Lunete » (l. 126 à 136) ? Sur quelle comparaison et sur quel jeu de mots repose ce passage ?

Le départ d'Yvain (l. 173 à 276)

4. Énumérez les différents arguments avancés par Gauvain pour persuader Yvain de quitter sa femme. Quelle comparaison utilise-t-il ?
5. Pourquoi la dame accepte-t-elle la demande d'Yvain ? Que lui fait-elle promettre en échange ? Quel objet lui donne-t-elle ?

Pause lecture 2 — Deuxième partie

Yvain sombre dans la folie p. 74 à 84

Avez-vous bien lu ?

Dans les bois, Yvain trouve de l'aide auprès :
- ❏ d'un loup.
- ❏ d'un ermite.
- ❏ d'une fée.

L'oubli d'Yvain (l. 1 à 56)

1 Pour quelles raisons Yvain n'a-t-il pas tenu sa promesse ?
Quelle conclusion en tire le lecteur sur le caractère d'Yvain ?

2 Quel est le principal reproche fait par la messagère à Yvain ?
Comment, d'après elle, les vrais amants vivent-ils une séparation ?

Le retour à l'état sauvage (l. 58 à 117)

3 Pourquoi Yvain devient-il fou ? Relevez tous les signes de sa déchéance.

4 Que symbolise la forêt dans les contes de fées ? Est-ce un lieu où l'on se perd ? où l'on se retrouve ? ou les deux à la fois ? Donnez un exemple.

Le baume miraculeux (l. 118 à 237)

5 Qui détient un baume miraculeux ? Qui possède un anneau qui rend invincible ?
Quel est le sexe de ces deux personnages ?
À quel personnage de conte font-ils penser ?

6 Quel sentiment éprouve Yvain lorsqu'il découvre sa nudité ?
Quelle question pose-t-il avant de suivre la demoiselle ?

Pause lecture 2

Yvain combat le comte Alier p. 84 à 88

Avez-vous bien lu ?

Pourquoi la dame de Noroison sauve-t-elle Yvain de la folie ?
- ❏ Yvain est son cousin.
- ❏ Elle a besoin de lui pour combattre le comte Alier.
- ❏ Elle estime qu'il faut aider un si vaillant chevalier.

Yvain au combat (l. 1 à 73)

1. Relevez les hyperboles (ou exagérations) qualifiant le chevalier. Quel personnage historique surpasse-t-il ? Quelle est la fonction de cette allusion ?
2. À quel animal Yvain est-il comparé (l. 41 à 48) ? Quel rôle joue-t-il pour ceux qui combattent à ses côtés ?
3. Comment ceux qui regardent le combat marquent-ils leur enthousiasme (vocabulaire, construction et type de phrases) ? À quelle conclusion arrivent-ils ?

Yvain, le vainqueur généreux (l. 74 à 117)

4. Faites des recherches et trouvez les différentes étapes de l'hommage médiéval.
5. Que souhaiterait la dame ? Qui, dans le roman, s'est déjà trouvé dans la même situation qu'elle ? Quels sont les points communs entre les deux épisodes ? les différences ?

Pause lecture 2 — Deuxième partie

Vers l'expression

Vocabulaire

1. Dans la forêt, Yvain vit de pain et d'eau. Retrouvez le sens de chacune de ces expressions.

1. Avoir du pain sur la planche.	a. Refuser une proposition contraire aux valeurs de la personne.
2. Ne pas manger de ce pain-là.	b. Avoir beaucoup de travail.
3. Donner un coup d'épée dans l'eau.	c. Être sot.
4. Ne avoir pas inventé l'eau tiède.	d. Avoir échoué dans une tentative.

2. a. Associez les adjectifs suivants à un ou deux personnages du roman : courtois – gracieux – arrogant – méprisant – juste – vaniteux – hardi – méprisant – fier – valeureux.

Yvain : ....

La dame de Landuc : ....

Keu : ....

b. Donnez le nom qui correspond à chacun de ces adjectifs.

À vous de jouer

Rédigez un dialogue.

Imaginez le dialogue entre la dame de Noroison et Yvain : elle lui propose de rester et de devenir son époux ; il refuse et explique sa décision.

Pause lecture 2

Du texte à l'image

Observez le document → voir dossier images p. II

En haut : Combat entre Yvain et Keu.
En bas : Yvain menant le cheval de Keu devant le roi Arthur.
Miniature à la peinture extraite du manuscrit *Yvain, le Chevalier au lion*, vers 1320-1330, BnF, Paris.

1 À partir de la vignette du haut, décrivez les différentes pièces de l'équipement des chevaliers et dites à quoi elles servent. Distinguez ce qui relève de l'armement offensif (pour se battre) et de l'armement défensif. Quel ornement nous permet de comprendre qu'Yvain est bien le chevalier de droite ?

2 Dans la vignette du bas, qui a l'avantage ?
Pourquoi la chute de Keu prête-t-elle à rire ?

3 Quels passages du texte du combat l'enlumineur a-t-il choisi de représenter ?
Qu'est-ce qui rapproche ces images d'une bande dessinée ?
Les proportions sont-elles respectées ?

Au secours des opprimés

Monseigneur Yvain cheminait, pensif, dans une forêt profonde quand, au milieu des fourrés, il entendit un cri de douleur perçant. Aussitôt, il se dirigea vers l'endroit d'où venait cette plainte. Lorsqu'il y parvint, il vit, dans une clairière, un lion aux prises avec un serpent qui le tenait par la queue et qui lui brûlait les flancs d'une flamme ardente. Monseigneur Yvain ne s'attarda pas longtemps à regarder ce spectacle prodigieux[1]. Il se demanda qui des deux il aiderait et décida de secourir le lion car on ne doit faire du mal qu'à un animal malfaisant et perfide[2]; or, le serpent est malfaisant : sa gueule vomit le feu tant il est plein de traîtrise. Voilà pourquoi Monseigneur Yvain décida de le tuer.

Il tire son épée, s'approche, met son écu devant son visage pour se protéger des flammes que l'animal crache par sa gueule plus large qu'une marmite. Si, après le combat, le lion l'attaque, il livrera bataille. Mais, quoi qu'il arrive ensuite, Yvain veut lui venir en aide car la pitié l'incite à prêter secours à cet animal noble et généreux.

De son épée au tranchant bien affilé, il attaque le serpent maléfique. Il le tranche en deux jusqu'à terre et des moitiés fait des tronçons. Il frappe et refrappe tant de fois qu'il le hache et le met en pièces. Cependant, il doit couper un morceau de la queue du lion car la tête du serpent félon[3] l'a engloutie. Il tranche juste ce qu'il faut. Quand il a délivré le lion, il se demande si l'animal se jettera sur lui et s'il devra le combattre. Mais le lion n'y songe pas une seconde.

1. Extraordinaire.
2. Trompeur et mauvais, qui manque de loyauté.
3. Traître.

Troisième partie

Écoutez ce que cette bête fit alors : il agit comme une créature noble et généreuse. Il commença par montrer qu'il se rendait au chevalier : il tendit vers lui ses deux pattes avant jointes et inclina sa tête vers le sol[4] ; puis il se dressa sur ses deux pattes arrière et s'agenouilla à nouveau. Toute sa face se mouilla de larmes, par humilité. Monseigneur Yvain comprit que le lion le remerciait et s'humiliait devant lui parce qu'il avait tué le serpent et l'avait arraché à la mort. Cette aventure lui fit grand plaisir. Il nettoya son épée souillée par le venin et la bave du serpent, la replaça dans son fourreau puis reprit sa route.

Voici que le lion marchait à ses côtés ; jamais plus il ne quitterait Yvain, et désormais il l'accompagnerait partout, car il voulait le servir et le protéger. Il marchait devant le chevalier quand il flaira, sous le vent, des bêtes sauvages en train de paître. La faim et son instinct le poussaient à se jeter sur le gibier et à le chasser pour se nourrir. Telle est la loi de la nature. Il se mit rapidement sur la piste afin de montrer à son maître qu'il avait senti et repéré le souffle et l'odeur d'une bête sauvage. Il regarda Yvain et s'arrêta car il voulait le servir selon ses désirs et n'aller nulle part contre sa volonté. Le chevalier se rendit compte que le lion attendait et comprit que, s'il restait en arrière, l'animal l'imiterait et que, s'il le désirait, le lion bondirait sur le gibier qu'il avait senti. Alors, Yvain l'excita et l'encouragea de ses cris, comme il l'aurait fait avec un chien de chasse.

Le lion mit aussitôt le nez au vent. Son flair ne l'avait pas trompé car à moins d'une portée d'arc, il vit un chevreuil pâturant seul dans une vallée. Il s'en saisit au premier bond et but son sang tout chaud. Après l'avoir tué, il

4. Cette attitude de soumission suggère la cérémonie de l'hommage.

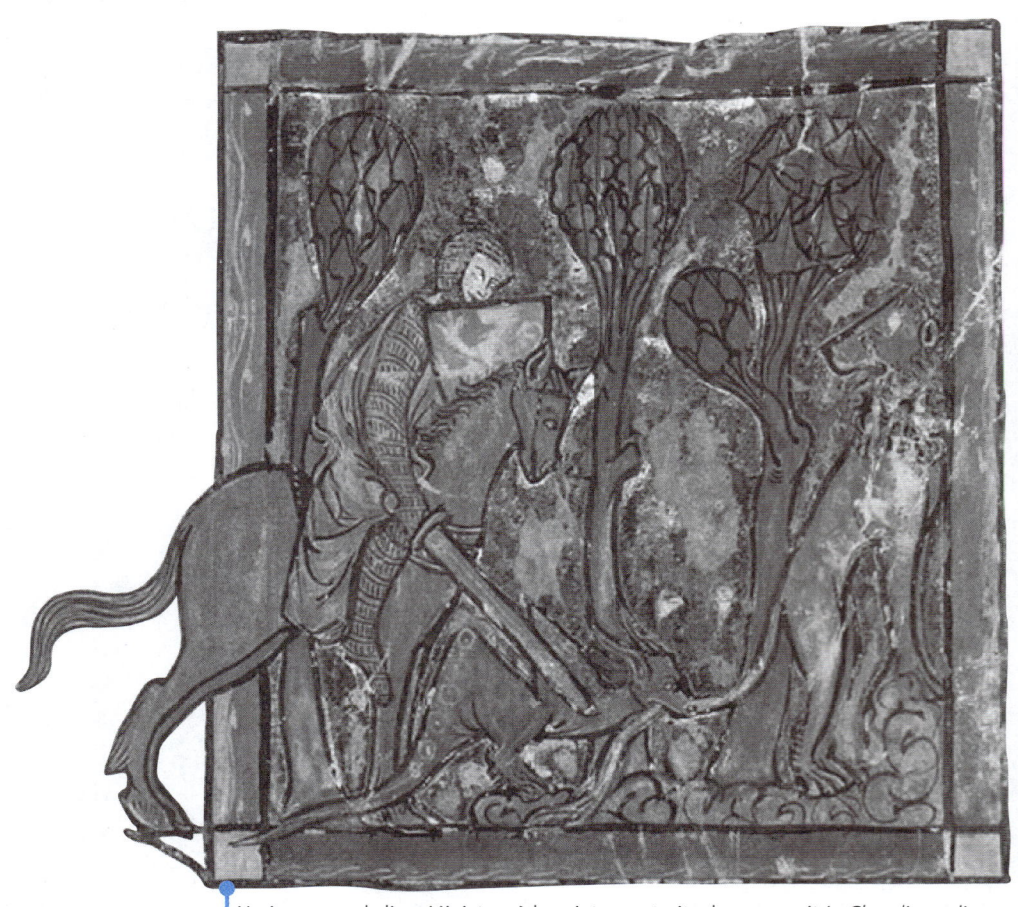

Yvain secoure le lion. Miniature à la peinture extraite du manuscrit *Le Chevalier au lion*, fin du XIIIe siècle, Princeton University Library, États-Unis.

le jeta sur son dos et l'apporta à son maître. Dès lors, Yvain lui manifesta une grande affection car l'animal lui témoignait un profond attachement.

La nuit approchait. Yvain décida de camper en ces lieux et de prélever sur le chevreuil ce qu'il souhaitait en manger. Il commença à l'écorcher : il fendit la peau sur les côtes et retira un morceau de chair de l'échine. Avec un silex, il alluma un feu qu'il fit prendre avec du bois sec et mit à cuire la viande, comme un rôti à la broche. Il la fit rôtir entièrement mais il ne prit aucun plaisir à la manger car il n'avait ni pain ni sel, ni nappe, ni couteau, ni rien d'autre. Pendant qu'il mangeait, le lion resta couché devant lui, absolument sans bouger, en le regardant jusqu'à ce qu'il ait fini. Le lion dévora alors tout ce qui restait du chevreuil, jusqu'à l'os. Yvain dormit comme il put, la tête appuyée sur son écu. Le lion avait tant de bon sens qu'il veilla et s'occupa de garder le cheval qui mangeait de l'herbe, une bien maigre pitance[1].

Le matin, ils repartirent ensemble et menèrent cette vie pendant une quinzaine de jours. Le hasard les amena vers la fontaine merveilleuse, sous le pin. Monseigneur Yvain faillit devenir fou une seconde fois quand il s'approcha de la fontaine, du perron et de la chapelle. Il cria mille fois son malheur et sa douleur et s'effondra, évanoui, tellement il souffrait.

Son épée glissa du fourreau et sa pointe s'enfonça dans les mailles de sa cotte, au niveau du cou, près de la joue. Aucune maille ne résista à sa lame aiguisée et l'épée lui entama la peau du cou sous sa cotte étincelante, assez pour

Troisième partie

1. Un bien maigre repas.

en faire couler le sang. À cette vue, le lion crut mort son compagnon et maître. Jamais vous n'avez entendu parler d'une plus grande douleur que celle que l'animal commença à manifester. Il se tordait, se griffait et rugissait. Il voulait se tuer avec l'épée qui, pensait-il, avait fait mourir son bon maître. Il retira l'épée avec ses crocs et la posa sur un tronc d'arbre tombé à terre ; il cala ensuite son pommeau contre un autre arbre pour qu'elle ne glisse ni ne se dérobe quand il viendrait la frapper de sa poitrine. Il allait mettre à exécution son projet lorsqu'Yvain reprit ses esprits. Le lion retint son élan, alors que, décidé à se tuer, il courait à la mort, tel un sanglier furieux qui ne regarde pas le lieu où il se précipite. Quand le chevalier reprit conscience, il se reprocha durement d'avoir dépassé le délai d'un an et d'avoir ainsi encouru la haine de sa dame.

« Qu'attend-il pour se tuer, dit-il, le malheureux qui s'est ôté toute joie ? Malheureux que je suis, pourquoi vivre ? Comment demeurer ici à regarder tout ce qui me rappelle ma dame ? Pourquoi mon âme reste-t-elle dans mon corps ? Que fait-elle dans un corps si affligé ? Si elle s'était échappée, elle ne souffrirait pas un tel martyre. Je dois me blâmer et me mépriser infiniment, et c'est ce que je fais. Puisque personne ne me voit, pourquoi m'épargnerais-je ? Ce lion, terrassé par une grande douleur, ne voulait-il pas s'enfoncer mon épée en plein poitrail ? Pourquoi redouter la mort, moi qui ai changé la joie en tristesse ? La joie ? Mais quelle joie ? la joie la plus intense m'était destinée, mais elle n'a duré que très peu de temps. Celui qui perd ce bonheur par sa faute n'a pas le droit de connaître un sort heureux. »

Troisième partie

Pendant qu'Yvain se lamentait ainsi, une malheureuse prisonnière enfermée dans la chapelle vit cette scène à travers une fente du mur. Dès qu'il revint de son évanouissement, elle l'appela :

« Dieu, dit-elle, qui est là ? Qui s'afflige[1] de la sorte ?

– Et vous, répondit-il, qui êtes vous ?

– Je suis la prisonnière la plus malheureuse de la terre.

– Tais-toi, folle créature. Ta douleur est une joie, ton malheur, un bien comparé aux maux qui me rongent. Plus un homme s'est habitué à vivre dans les délices et la joie, plus la souffrance, lorsqu'elle arrive, l'égare et lui fait perdre la tête.

– Ma foi, fit-elle, je sais bien que vous avez raison. Mais n'imaginez pas être plus malheureux que moi : vous pouvez aller où vous voulez, alors que je suis en prison. De plus, demain on viendra me prendre et me livrer au dernier supplice : tel est le sort qui m'attend.

– Ah, Dieu ! dit-il, pour quel crime ?

– Seigneur chevalier, que Dieu n'ait jamais pitié de mon âme si j'ai mérité ce châtiment ! Je vais vous dire pourquoi je suis emprisonnée, sans mentir : on m'accuse de trahison et, si je ne trouve pas de champion[2], demain, on me brûlera ou on me pendra.

– Si c'est ainsi, ma souffrance et mon chagrin me semblent plus grands que votre douleur car vous pourriez être délivrée de ce danger par n'importe qui, n'est-ce pas ?

– Oui, mais j'ignore encore par qui. Il n'y a que deux hommes au monde qui, pour me défendre, oseraient livrer bataille à trois chevaliers.

– Comment ? Ils sont donc trois ?

La condamnation au bûcher

Pour rendre justice, le seigneur n'est pas obligé de recourir au pouvoir royal. La condamnation au bûcher était appliquée, au Moyen Âge, aux hérétiques (ceux qui ne respectent pas la religion), à ceux qui étaient accusés de sorcellerie et aux insoumis. Le feu devait purifier le condamné, dont le corps était livré nu aux flammes.

1. Se plaint.
2. Défenseur.

Yvain, le Chevalier au lion

– Oui, seigneur, je vous le jure. Ils sont trois à m'accuser de trahison.
– Qui vous aime assez pour oser combattre seul trois hommes en armes, afin de vous sauver et de vous protéger ?
– Je vous répondrai sans mentir. L'un est monseigneur Gauvain et l'autre, monseigneur Yvain. C'est à cause de lui que je serai, demain, livrée à tort au martyre et à la mort.
– À cause de qui, avez-vous dit ?
– Seigneur, que Dieu me vienne en aide, à cause du fils du roi Urien.
– Vous ne mourrez pas sans lui. Je suis Yvain en personne, la cause de votre tourment. Et vous êtes, j'en suis sûr, celle qui, dans la salle, m'a protégé. Vous m'avez sauvé la vie quand, prisonnier entre les deux portes coulissantes, j'étais plongé dans l'inquiétude, la douleur et l'angoisse. J'aurais été tué ou emprisonné si vous ne m'aviez pas aidé[1]. Mais dites-moi donc, ma chère amie, qui sont ceux qui vous accusent de trahison et qui vous ont emprisonnée dans ce cachot ?
– Seigneur, je ne vous le cacherai pas davantage, puisque vous tenez à l'apprendre. Il est vrai que je n'ai pas hésité à vous aider de bon cœur. Grâce à ma persévérance, ma maîtresse a accepté de vous épouser, suivant en cela mes conseils. Par Notre Père[2], je croyais agir davantage pour son bien que pour le vôtre, et je le crois encore. À présent, je peux bien vous l'avouer : je cherchais à servir à la fois son honneur et votre désir. Mais, quand vous avez dépassé le délai d'un an fixé à votre retour, ma dame s'est fâchée contre moi et s'est estimée trompée de m'avoir fait confiance. Quand le sénéchal, ce perfide, ce traître, ce menteur, l'a su, lui qui me

1. Allusion à l'épisode où Lunete sauve Yvain en lui prêtant l'anneau d'invisibilité.
2. Dieu.

jalousait, il a compris qu'il pouvait créer un grave sujet de dispute entre elle et moi. En pleine cour, à la vue de tous, il m'a accusée d'avoir trahi ma maîtresse à votre profit. Je n'avais d'autre conseil et d'autre aide que moi-même, mais je savais que jamais je n'avais trahi ma maîtresse, ni en actes ni en pensées. Dans mon trouble, j'ai répondu, sans réfléchir, que je me ferais défendre de cette accusation par un seul chevalier contre trois. Le sénéchal n'a pas eu la courtoisie de refuser. Ainsi, je ne pouvais ni reculer ni me dérober. Il m'a prise au mot et, dans un délai de quarante jours, j'ai dû accepter de chercher un chevalier qui en combattrait trois. Je suis allée dans bien des cours, en particulier à celle du roi Arthur, mais je n'ai trouvé personne pour m'aider, personne pour me donner de vos nouvelles car nul n'en avait.

– Mais, monseigneur Gauvain, le noble, le doux ami, où était-il donc ? Il n'a jamais refusé son aide à une demoiselle sans appui.

– Si je l'avais trouvé à la cour, il n'aurait refusé aucune de mes demandes. Mais un chevalier a emmené la reine, à ce qu'on m'a dit, et le roi a commis la folie de permettre qu'elle le suive[3]. Keu, je crois, l'a escortée auprès de son ravisseur ; monseigneur Gauvain, en partant à sa recherche, s'est engagé dans une pénible épreuve. Il ne s'arrêtera pas avant de l'avoir retrouvée. Je vous ai dit la vérité, pleine et entière, sur mes aventures. Demain, je mourrai d'une mort honteuse : je serai brûlée sans délai, parce que je suis victime de la haine et du mépris que vous inspirez.

– À Dieu ne plaise, répondit-il, qu'à cause de moi on vous fasse le moindre mal ! Jamais, moi vivant, vous ne

Troisième partie

Le duel judiciaire

Le duel judiciaire est un jugement où Dieu intervient pour régler des conflits liés au serment et à la trahison. Deux champions ou défenseurs s'opposent dans un duel à mort. Le jugement est rendu en fonction de l'issue du duel : le vainqueur est censé être soutenu par Dieu, donc défendre la vérité.

3. Allusion à un autre roman de Chrétien de Troyes : *Lancelot, le Chevalier à la charrette*. On y découvre Gauvain et Lancelot partis à la recherche de la reine Guenièvre, qui a été enlevée par Méléagant.

mourrez ! Demain, comptez sur moi : je suis prêt à risquer ma vie pour vous délivrer, comme le devoir me l'impose. Mais ne vous avisez pas de raconter et d'expliquer aux gens qui je suis. Quoi qu'il advienne lors du combat, gardez le silence sur mon identité !

– Seigneur, aucune torture ne me fera révéler votre nom. Je souffrirais plutôt la mort, puisque vous le voulez ainsi. Cependant je ne souhaite pas que vous vous engagiez dans un combat aussi dangereux. Je vous remercie de m'avoir promis de le faire, mais soyez en quitte tout de suite[1]. J'aime mieux périr que de voir mes ennemis se réjouir de votre mort et de la mienne. S'ils vous tuent, je n'en réchapperai pas pour autant. Mieux vaut que vous restiez en vie plutôt que de mourir tous deux.

– Vous me faites grande injure ma chère amie, répondit monseigneur Yvain, ou peut-être ne souhaitez-vous pas échapper à la mort? Dédaignez-vous le soutien que je vous offre en vous aidant? Mais je n'en discuterai pas plus longtemps : vous avez tant fait pour moi qu'il est de mon devoir de vous secourir contre toute adversité[2]. Je sais que vous êtes pleine d'inquiétudes, mais, avec l'aide de Dieu en qui je crois, les trois chevaliers seront déshonorés. Je n'ai plus qu'à chercher un abri dans ce bois car je suis éloigné de toute demeure.

– Seigneur, dit-elle, que Dieu vous donne un bon gîte et une bonne nuit ; qu'Il vous préserve, comme je le désire, de toute mésaventure. »

Monseigneur Yvain quitta aussitôt les lieux, toujours suivi du lion. Ils marchèrent et arrivèrent bientôt à

---

1. Ne vous sentez plus engagé.
2. Malheur, épreuve.

Troisième partie

proximité du château fort d'un baron, entouré d'épaisses murailles, solides et hautes. Ce château ne craignait pas l'assaut des machines à lancer de petites ou de grosses pierres car il était parfaitement fortifié. Mais, à l'extérieur des murs, tout avait été rasé et il ne restait ni cabane ni maison. Vous en connaîtrez la raison quand le moment sera venu.

Monseigneur Yvain se dirigea droit vers le château. Sept écuyers forts et rapides surgirent : ils firent descendre le pont-levis et arrivèrent aussitôt à sa rencontre. Mais ils eurent très peur du lion et demandèrent à Yvain de le laisser à la porte, de peur qu'il ne les blesse ou ne les tue.

« N'y songez pas, leur dit-il, je n'entrerai jamais sans lui. Ou nous avons un gîte tous les deux ou je reste dehors car je l'aime autant que moi-même. Ne craignez rien : je le surveillerai et vous serez en sécurité.

– À la bonne heure ! », s'exclamèrent-ils.

Yvain et le lion pénétrèrent dans le château et virent venir à leur rencontre des chevaliers, des dames, d'avenantes demoiselles qui saluèrent Yvain, l'aidèrent à descendre de cheval et lui dirent : « Bienvenu parmi nous, cher seigneur ! Que Dieu vous accorde un séjour comblé de joie et d'honneur ! »

Du plus important au plus modeste, tous témoignaient leur enthousiasme et ne ménageaient pas leur peine. Ils conduisirent Yvain, très joyeusement, à l'intérieur du château. Mais, après lui avoir exprimé leur joie, une douleur les submergea, qui leur fit oublier leur allégresse. Ils commencèrent à pleurer, à crier, à s'égratigner le visage. Ils ne cessaient d'alterner joie et peine : ils manifestaient de la joie pour honorer leur hôte, mais le cœur n'y était pas. Ils s'inquiétaient d'un événement qui devait se produire, avant le lendemain midi. Monseigneur Yvain s'étonnait qu'ils changent si souvent d'attitude et passent de la douleur à l'allégresse. Il en demanda la raison au seigneur du château :

« Par Dieu, beau, doux et courtois seigneur, dites-moi, s'il vous plaît, pourquoi tant d'honneur, tant de joie, mais aussi tant de pleurs ?

– Je vais vous révéler la cause de notre chagrin, mais il vaudrait mieux que vous l'ignoriez car je ne voudrais pas vous faire de peine. Laissez-nous endurer nos souffrances et ne vous attristez pas pour nous.

– Impossible pour moi de vous voir souffrir et de rester indifférent. Je désire vivement en savoir davantage, quelque douleur que je doive endurer.

– Je vais donc tout vous raconter, dit l'autre. Un géant m'a beaucoup nui. Il voulait que je lui accorde ma fille dont la beauté est sans égale au monde. Ce géant perfide – que Dieu l'anéantisse ! – s'appelle Harpin de la Montagne. Il ne se passe pas de jour qu'il ne s'empare de tous les biens qu'il peut me dérober. Personne n'a davantage de raison que moi de se lamenter de lui ou d'exprimer sa douleur. Le chagrin devrait me rendre fou : j'avais six fils, tous chevaliers, les plus beaux au monde. Le géant les a fait prisonniers tous les six. Sous mes yeux, il en a tué deux et, demain, il tuera les quatre autres, si je ne trouve personne pour le combattre afin de libérer mes fils ; si je refuse, je devrai lui livrer ma fille. Quand il l'aura, il la donnera, assure-t-il, aux valets les plus ignobles et les plus répugnants de sa

Troisième partie

maison, pour leur plaisir, car il n'en veut même pas pour lui. Voilà le malheur qui m'attend demain si Dieu ne me porte secours. Aussi n'est-il pas étonnant, beau et cher seigneur, que nous pleurions ; mais, pour vous, nous reprenons courage dans la mesure du possible, pour faire bonne contenance. En effet celui qui a un chevalier tel que vous à ses côtés doit lui témoigner du respect. Je viens de vous résumer l'histoire de notre profonde affliction. Le géant ne nous a rien laissé ni dans le château, ni dans la forteresse, sauf ce dont nous disposons ici. Vous l'avez vu par vous-même, si vous y avez pris garde : Harpin n'a rien laissé, excepté ces murailles qui viennent d'être édifiées. Il a rasé tout le bourg, après avoir pillé tout ce qui en valait la peine et il a mis le feu au reste. Voici les forfaits qu'il m'a fait subir. »

Monseigneur Yvain écouta tout le récit de son hôte et, à la fin de l'histoire, il lui dit ce qu'elle lui inspirait :

« Seigneur, votre douleur me révolte et m'attriste. Mais je m'étonne d'une chose : pourquoi ne pas avoir demandé de l'aide à la cour du puissant roi Arthur ? Sa cour est pleine de chevaliers qui souhaitent éprouver leur courage. »

Le puissant seigneur lui confia qu'il aurait trouvé une aide efficace s'il avait su où trouver monseigneur Gauvain :

« Il m'aurait aidé, sans nul doute, car ma femme est sa sœur, mais un chevalier d'une terre étrangère a emmené la reine[1] ; Gauvain est allé la réclamer. Il aurait accouru, pour sa nièce et ses neveux, s'il avait appris cette aventure. Mais il l'ignore, j'en suis si désolé que mon cœur est prêt d'éclater. »

Monseigneur Yvain ne cessait de soupirer en écoutant ce récit. La compassion lui dicta ces paroles :

---

1. Deuxième allusion à *Lancelot, le Chevalier à la charrette*.

« Très cher seigneur, j'affronterais volontiers cette aventure et ce danger si le géant venait tôt demain avec vos fils car à midi je dois me trouver ailleurs, comme je l'ai promis[1].

– Cher seigneur, je vous remercie de votre décision et vous en rends mille fois grâce. »

Et tous, dans la maison, de lui exprimer leur reconnaissance. Alors sortit d'une chambre une jeune fille de belle apparence, au visage frais et avenant. Elle était très discrète, triste et silencieuse car sa douleur était infinie. Elle baissait la tête vers le sol et sa mère l'accompagnait ; le seigneur les avait fait venir pour les présenter à son hôte. Elles arrivèrent, enveloppées de leurs manteaux, pour dissimuler leurs larmes. Le seigneur leur demanda d'ouvrir leurs manteaux et de relever la tête, puis il leur dit :

« Ne soyez pas fâchées de ce que je vous demande. Dieu et la providence ont envoyé ici un chevalier de très noble origine qui promet d'affronter le géant. Ne tardez pas davantage. Allez vous jeter à ses pieds !

– Dieu me garde d'accepter ! » s'écria aussitôt monseigneur Yvain. Il serait tout à fait inconvenant que la sœur ou la nièce de monseigneur Gauvain se jette à mes pieds. Je n'oublierais jamais la honte que j'en aurais. Mais je serais heureux qu'elles reprennent courage. Pour moi, il n'est pas nécessaire de me prier davantage, mais il faut que le géant arrive assez tôt pour m'éviter de me dédire[2] ailleurs car j'ai promis d'affronter demain midi l'épreuve la plus dangereuse de ma vie. »

Yvain refusait de s'engager complètement car il craignait que le géant ne vienne trop tard et l'empêche d'arri-

[1]. Allusion à la promesse faite à Lunete de combattre pour la sauver du bûcher.
[2]. Trahir ma promesse.

Troisième partie

ver à temps pour Lunete restée prisonnière dans la chapelle. Cependant, il leur laissa assez d'assurance pour qu'ils gardent confiance. Tous et toutes le remercièrent ; ils se fiaient à sa valeur et pensaient qu'il était un chevalier extraordinaire à cause du lion qui était couché auprès de lui, aussi paisible qu'un agneau. L'espérance qu'ils plaçaient en lui les réconfortait, leur inspirait de la joie et ils cessaient de manifester de la douleur.

Quand l'heure arriva, ils conduisirent le chevalier jusqu'à son lit, dans une chambre claire. La demoiselle et sa mère assistèrent toutes les deux à son coucher car elles l'appréciaient beaucoup. Yvain et le lion dormirent seuls dans la chambre où personne d'autre n'osa s'installer[3]. Le matin, Yvain se leva, entendit la messe et, fidèle à sa promesse, il attendit jusqu'à la première heure du jour.

Il appela alors le seigneur du château et s'exprima en ces termes :

« Seigneur, je ne puis attendre davantage ; je m'en vais donc, ne m'en tenez pas rigueur[4]. Si l'affaire qui m'appelle loin d'ici n'était pas si urgente, soyez assuré que je serais resté bien volontiers pour défendre les neveux et la nièce de monseigneur Gauvain qui m'est très cher. »

La jeune fille sentit son sang bouillir de peur, tant elle était bouleversée ; la dame et le seigneur l'étaient aussi. Ils avaient une telle terreur de le voir partir qu'ils faillirent se précipiter à ses pieds, mais ils savaient qu'Yvain n'apprécierait pas du tout ce geste. Alors, le seigneur proposa de lui céder une partie de ses biens, en terres ou en argent, pourvu qu'il attende encore un peu.

3. Au Moyen Âge, les chambres à coucher ne sont pas privées.
4. Ne m'en voulez pas.

Yvain, le Chevalier au lion

« Dieu me garde, répondit-il, de ne rien accepter ! »

Terrorisée, la jeune fille se mit à pleurer à chaudes larmes et le supplia de rester. Pressée par une angoisse extrême, elle le priait, au nom de la glorieuse reine du ciel[1], des anges, et de Dieu, de ne pas s'en aller, d'attendre encore un petit peu, au nom aussi de son oncle que le chevalier disait connaître, aimer et apprécier. Yvain éprouva une pitié immense quand il l'entendit se réclamer de l'homme qu'il estimait le plus au monde, de la reine des cieux et de Dieu, miel de douceur et de compassion. Profondément troublé, il soupira : pour tout le royaume de Tharse[2], il ne laisserait pas brûler la demoiselle qu'il avait promis de secourir ; mieux vaudrait mettre fin à sa vie ou perdre la tête que d'arriver en retard au rendez-vous. D'un autre côté, il était au désespoir quand il pensait à la haute noblesse de son ami monseigneur Gauvain et son cœur manquait de se briser car il ne pouvait s'attarder davantage.

Yvain, le champion victorieux

PENDANT QU'IL RÉFLÉCHISSAIT, ARRIVA À VIVE ALLURE LE GÉANT avec les chevaliers. Il portait sur l'épaule un gros pieu[3] carré, à la pointe aiguisée, avec lequel il les poussait souvent[4]. Les chevaliers ne portaient rien qui vaille, hormis des chemises sales et malodorantes. Des cordes serrées liaient leurs pieds et leurs mains et ils étaient juchés sur quatre rosses[5] boiteuses, faibles, maigres et épuisées. Ils chevauchaient le long d'un bois ; un nain bossu et tout gonflé avait attaché

---

1. La Vierge Marie.
2. Ville natale de Saint Paul, conquise lors de la première croisade.
3. Bâton taillé.
4. Le géant pousse les chevaliers comme un troupeau de bêtes.
5. Mauvais chevaux.

Troisième partie

leurs chevaux par la queue et, allant de l'un à l'autre, il ne cessait de battre les quatre chevaliers avec un fouet à quatre nœuds – ce qu'il prenait pour un exploit. Il les frappait si sauvagement qu'ils saignaient. Le géant et le nain les menaient en les humiliant.

Devant la porte, au milieu d'un terre-plein, le géant s'arrêta et menaça le noble seigneur de tuer ses fils s'il ne lui livrait pas sa fille. Il la destinait à ses valets car il ne l'aimait ni ne l'estimait assez pour daigner s'abaisser jusqu'à elle. Elle serait livrée à un millier de valets pouilleux et nus comme des débauchés, qui la fréquenteront assidûment et lui paieront leur écot[6]. Le noble seigneur faillit mourir de rage lorsqu'il entendit le géant dire qu'il livrerait sa fille à la prostitution ou qu'il tuerait ses quatre fils sous ses yeux. Il éprouvait l'angoisse d'un homme qui préférerait la mort à la vie. Il n'arrêtait pas de crier son malheur, de pleurer et de soupirer.

Monseigneur Yvain, en cœur noble et généreux, commença alors à parler :

« Seigneur, ce géant aux grandes vantardises est bien cruel et arrogant. Que Dieu ne souffre[7] pas qu'il prenne votre fille en son pouvoir ! Quel mépris et quelles humiliations il lui réserve ! Quel malheur sans nom si une aussi belle créature, d'un si noble lignage, était livrée à la valetaille ! Qu'on m'apporte mes armes et mon cheval ! Faites descendre le pont-levis et laissez-moi passer ! L'un des deux doit rester à terre, soit lui, soit moi, je ne sais. Si j'écrasais cette brute sanguinaire qui vous tourmente, s'il libérait vos fils et s'il vous demandait pardon pour les propos honteux qu'il a tenus, je vous recommanderais ensuite à Dieu et partirais régler mon autre affaire. »

6. Manière de dire qu'on la prostituera de force. « Payer son écot » signifie acquitter sa part pour une dépense commune.
7. Supporte.

On alla alors chercher son cheval et on lui apporta toutes ses armes. On s'efforça de les lui revêtir le plus vite possible. Quand Yvain fut bien équipé, on fit descendre le pont-levis et on le laissa partir avec son lion qui, pour rien au monde, ne l'aurait quitté. Ceux qui restaient derrière les murs le recommandaient au Sauveur[1] car ils avaient très peur de le voir mourir, comme tant d'autres que ce terrible diable avait massacrés au même endroit. Ils priaient de préserver Yvain de la mort, de le leur rendre sain et sauf, de lui accorder de tuer le géant. Chacun priait Dieu en son cœur, quand le géant, plein d'arrogance, s'avança vers le chevalier et le menaça :

« Celui qui t'envoie ici ne t'aime pas, par mes yeux ! Il a trouvé la meilleure façon de se venger de tout le mal que tu lui as fait !

– Tu parles pour ne rien dire ! répondit Yvain qui n'en avait pas peur. Épargne-moi tes vaines paroles ! »

Monseigneur Yvain s'élance aussitôt car il lui tarde de partir. Il s'apprête à frapper son adversaire en pleine poitrine, sur la peau d'ours qui lui servait d'armure. Le géant brandit son pieu. Monseigneur Yvain lui donne un tel coup dans la poitrine qu'il transperce la peau d'ours. Il trempe le fer de sa lance dans le sang qui jaillit du corps comme de la sauce. Le géant lui donne un coup d'épieu si fort qu'il le fait se ployer sur le cheval. Monseigneur Yvain tire l'épée dont il sait frapper de grands coups. Le géant, confiant dans sa propre force, a dédaigné de porter une armure. Yvain s'élance, l'épée au poing. Il frappe son adversaire non du plat mais du tranchant de l'épée et lui coupe un morceau

[1]. À Dieu.

Yvain combat le géant Harpin de la Montagne.
Miniature à la peinture extraite du manuscrit *Le Chevalier au lion*,
fin du XIIIe siècle, Princeton University Library, États-Unis.

de joue. Le géant riposte avec une telle violence qu'Yvain s'affaisse sur l'encolure[1] de son destrier.

À ce coup, le lion se hérisse et se prépare à secourir son maître. Plein de colère et de force, il bondit, rompt et fend comme une écorce la peau velue que porte le géant. Sous la peau, il arrache un grand morceau de la hanche dont il déchire les nerfs et les muscles. Le géant réussit à se dégager, mais il meugle et beugle comme un taureau, car le lion l'a gravement blessé. Il lève son pieu à deux mains, veut frapper mais il manque sa cible : le lion bondit en arrière. Le coup se perd et tombe à côté de monseigneur Yvain, sans le toucher. Le chevalier lève son épée et assène deux coups à son adversaire. Avant que l'autre ait repris ses esprits, il lui tranche l'épaule, au fil de son épée. Le deuxième coup l'atteint sous la poitrine et Yvain lui enfonce la lame dans le foie. Le géant s'effondre, en proie aux affres de la mort. La chute d'un immense chêne n'aurait pas produit, je crois, un plus grand fracas que le géant en s'écroulant.

Ceux qui étaient restés aux créneaux voulurent voir ce dernier coup. On vit alors qui était le plus rapide : tous coururent à la curée[2], comme les chiens qui, après une longue poursuite, finissent par atteindre le gibier. Tous et toutes se précipitèrent à l'endroit où gisait le géant, la bouche ouverte vers le ciel. Le seigneur lui-même accourut avec tous les gens de sa maison. La jeune fille vint avec sa mère. Quel bonheur pour les quatre frères qui avaient beaucoup souffert !

Mais tous savaient qu'ils ne pourraient retenir Yvain. Ils le prièrent donc de revenir pour se divertir et passer du temps avec eux, dès qu'il aurait réglé son affaire. Le chevalier répondit qu'il ne pouvait rien leur promettre, ne sachant

1. Partie du corps qui s'étend, chez un animal, depuis la tête jusqu'au poitrail.
2. Se précipitèrent pour voir la mort du géant. La curée désigne les morceaux de gibier donnés aux chiens, à la fin de la chasse.

si l'issue serait heureuse ou malheureuse. Il demanda juste au seigneur que ses quatre fils et sa fille prennent le nain et le conduisent à monseigneur Gauvain, dès qu'ils apprendraient son retour. Il voulait aussi qu'ils lui racontent en détails comment il s'était conduit. En effet, rien ne sert d'accomplir un exploit si personne ne le connaît.

« Cet exploit ne sera jamais passé sous silence, dirent-ils, ce serait injuste. Nous ferons exactement ce que vous demandez. Mais, seigneur, que lui dirons-nous quand nous serons en présence de Gauvain ; de qui devons-nous faire l'éloge puisque nous ignorons votre nom ?

– Quand vous le verrez, répondit-il, dites-lui seulement que je suis le Chevalier au lion. Ajoutez que lui et moi nous nous connaissons bien, même s'il ignore qui je suis. À présent, il me faut partir. Ma seule crainte, c'est d'avoir trop tardé car, avant midi, j'aurai beaucoup à faire ailleurs, si je peux y arriver à temps. »

Alors, Yvain les quitta, sans s'attarder davantage. Auparavant, le seigneur l'avait prié de prendre avec lui ses quatre fils. Mais Yvain ne voulut pas accepter la moindre compagnie. Il s'en alla en un éclair, s'élançant aussi vite que son cheval pouvait l'emporter, pour retourner à la chapelle. Le chemin était droit et en très bon état et il le suivit sans peine.

Avant qu'il n'arrive à la chapelle, on en avait fait sortir la demoiselle et on avait construit le pilori[3] où on devait la placer. Toute nue sous sa chemise, elle avait été ligotée et conduite devant le feu par ceux qui l'accusaient injustement. Dès son arrivée, monseigneur Yvain la vit attachée devant le feu où on voulait la précipiter. Une profonde

Troisième partie

3. Poteau auquel on attachait un condamné pour l'exhiber et l'humilier.

affliction le saisit : il était au désespoir, mais, au fond de son cœur, il gardait espoir en Dieu et en la Justice qui seraient de son côté. Il leur faisait toute confiance et il s'appuyait aussi sur la force de son lion. S'élançant sur la foule à toute vitesse, Yvain se mit à crier : « Laissez, laissez cette demoiselle, misérables ! C'est une injustice de la jeter dans la fournaise car elle n'a pas commis le crime dont vous l'accusez.[1] »

Aussitôt, les gens se dispersèrent pour lui faire place. Lui, il lui tarde de voir de ses yeux celle qu'il voit dans son cœur, où qu'elle puisse se trouver[2]. Il la chercha du regard et la trouva, ce qui mit son cœur à si rude épreuve qu'il dut le réfréner, comme on retient à grand-peine, en tirant fortement sur de solides brides, un cheval récalcitrant[3]. Il la regardait intensément, mais s'efforçait de retenir ses soupirs de peur d'être reconnu.

Une pitié infinie s'abattit sur lui quand il vit et entendit les dames dire leur immense douleur :

« Ah ! Dieu ! Comme Tu nous as oubliées ! Comme nous nous sentons abandonnées en perdant une si bonne amie qui, à la cour, nous aidait et nous conseillait si bien ! C'est sur ses conseils que la dame nous donnait ses robes fourrées de vair. Désormais, notre sort va changer car personne ne la remplacera pour plaider notre cause. Que Dieu maudisse ceux qui nous l'enlèvent ! Honnis[4] soient ceux par qui nous la perdons car nous en pâtirons[5] ! Plus personne ne sera là pour dire ou conseiller : "Ce manteau fourré de vair, ce surcot et cette cotte, ma chère dame, donnez-les à cette noble femme ; elle en fera bon usage parce qu'elle en a grand besoin." Personne ne tiendra plus ces propos car plus personne,

1. Allusion au fait que Lunete aurait été une mauvaise conseillère pour la dame de Landuc.
2. Allusion à sa femme, Laudine.
3. Indocile, qui ne veut pas se laisser monter.
4. Maudits.
5. Subirons de grands dommages.

désormais, n'est généreux et courtois. Chacun formule ses demandes pour son profit plutôt qu'à l'avantage d'autrui. »

Ainsi se lamentaient les dames. Monseigneur Yvain qui se trouvait au milieu d'elles entendaient leurs plaintes qui n'étaient ni fausses ni hypocrites. Il vit Lunete à genoux et vêtue de sa seule chemise. Elle s'était confessée[6] à Dieu, avait demandé pardon pour ses péchés et s'était repentie de ses fautes.

Yvain s'approcha d'elle, la releva et lui demanda :

« Mademoiselle, où sont ceux qui vous blâment et vous accusent ? S'ils ne renoncent pas, à cet instant même, je leur livrerai bataille. »

La jeune fille lui répondit : « Seigneur, Dieu vous envoie au moment où j'en ai le plus besoin. Ceux qui m'accusent à tort sont ici, prêts à se venger de moi. Si vous aviez tardé un tant soit peu, je n'aurais plus été que charbon et cendre. Vous êtes venu me défendre : que Dieu vous en donne la force car je n'ai pas commis le crime dont je suis accusée. »

Le sénéchal et ses deux frères, qui l'avaient entendue, dirent :

« Ah ! femme avare de vérité et prodigue en mensonges ! Bien fou qui croit en tes paroles ! Le chevalier qui est venu mourir pour toi fait preuve d'une grande sottise car il est seul et nous sommes trois. Nous lui conseillons de partir, avant que la situation ne tourne mal pour lui. »

Monseigneur Yvain, très contrarié, leur répondit :

« Que celui qui a peur s'enfuie ! Vos trois écus ne me font pas peur ; ce que je crains c'est d'être vaincu sans me battre. Je serais très triste si, en bonne santé et plein d'énergie, je vous abandonnais la place et vous laissais le champ libre.

6. Avait avoué ses fautes.

Jamais, tant que je serais bien portant, vos menaces ne me feront fuir. Je vous conseille de libérer la demoiselle que vous avez calomniée[1]. Elle me l'a affirmé sur la foi du serment et sur le salut de son âme : elle n'a jamais trahi sa maîtresse ni en actes, ni en paroles, ni en pensées. Je la crois et je la défendrai donc si je le peux. Son bon droit viendra à mon aide. Dieu défend la justice car Dieu et Justice ne font qu'un. Puisqu'ils me soutiennent, j'aurai des compagnons plus courageux que vous et une meilleure aide. »

Bien follement, le sénéchal lui répondit qu'il pouvait invoquer tout ce qu'il voulait, pourvu que son lion ne les attaque pas. Monseigneur Yvain lui rétorqua qu'il n'avait jamais amené son lion pour en faire son champion[2] et qu'il ne cherchait pas à mêler au combat un autre que lui. Toutefois, si son lion attaquait, le sénéchal n'avait qu'à se défendre de son mieux car il ne pouvait rien lui promettre.

« Quoi que tu dises, répondit l'autre, si tu ne retiens pas ton lion et si tu ne l'obliges pas à rester tranquille, tu n'as rien à faire ici. Pars, ce sera raisonnable, car tout le pays sait comment cette demoiselle a trahi sa maîtresse. Il est juste qu'elle soit punie par le feu et par les flammes.

– Non, par le Saint-Esprit! s'exclama monseigneur Yvain qui connaissait la vérité. Que Dieu m'ôte toute joie tant que je ne l'aurai pas délivrée. »

Il demande alors au lion de se tenir en arrière et de s'allonger tranquillement; l'animal obéit. Aussitôt les deux hommes cessent de se parler. Ils s'écartent l'un de l'autre. Le sénéchal et ses frères s'élancent au galop vers Yvain qui s'avance vers eux au pas car il ne veut pas s'épuiser en vain dès les premiers

1. Accusée injustement.
2. Son défenseur.

coups. Il les laisse casser leurs lances et conserve la sienne intacte. Avec son écu, il fait le mannequin sur lequel chacun brise sa lance à l'exercice. Ensuite il s'éloigne d'un arpent[3] et repart aussitôt au combat car il ne veut pas perdre de temps. Revenant à la charge, il touche le sénéchal. Il brise sa lance sur lui et le désarçonne. Il lui a donné un tel coup que son adversaire reste étourdi à terre pendant un long moment, incapable de nuire. Les deux autres se précipitent sur lui. De leurs épées nues, ils lui assènent de grands coups mais ils en reçoivent d'encore plus puissants car un seul des coups d'Yvain vaut deux des leurs. Le chevalier se défend et ses adversaires n'arrivent pas à le faire reculer jusqu'au moment où le sénéchal se relève et lui porte un coup de toutes ses forces. Les deux autres ajoutent leurs efforts aux siens, si bien qu'ils blessent Yvain.

Le lion, qui observe le combat, se précipite alors pour apporter son aide à Yvain car il en a besoin. Les dames qui aiment beaucoup la demoiselle en appellent souvent à Dieu et Le prient de tout leur cœur de garder en vie celui qui se bat pour la sauver. Le lion se jette sur le sénéchal avec tant d'impétuosité[4] qu'il fait voler comme des brins de paille les mailles de son haubert. Il tire si fort qu'il lui déchire l'épaule et tout le côté. Il arrache tout ce qu'il mord, si bien qu'on voit les entrailles du sénéchal.

Maintenant, ils sont à égalité sur le champ de bataille. Le sénéchal ne peut échapper à la mort : il se vautre et se tourne dans un flot vermeil de sang chaud qui gicle de son corps. Le lion assaille les deux autres car monseigneur Yvain n'arrive pas à le retenir. Le lion sait que son maître apprécie son aide. Il les attaque donc avec férocité ; face à ses assauts, les frères ripostent et le blessent à leur tour.

3. Unité de longueur (environ 71 mètres).
4. Force.

Quand monseigneur Yvain voit son lion blessé, une vive colère l'envahit. Il n'a plus qu'une idée : venger l'animal. Il attaque ses adversaires avec une telle force qu'il les réduit au désespoir. Ils ne ripostent plus et demandent grâce. Le lion est très mal en point car ses blessures sont nombreuses et inquiétantes. Monseigneur Yvain, lui-même, est loin d'être indemne : il a, au contraire, de nombreuses plaies sur le corps mais il ne se préoccupe moins de lui que des blessures de son compagnon.

Il a donc obtenu ce qu'il voulait : la demoiselle est délivrée et la dame, revenue de sa colère, lui pardonne sans réticence. Les accusateurs sont brûlés sur le bûcher qu'ils avaient allumé pour la demoiselle. C'est un principe de justice : celui qui accuse à tort doit subir le même châtiment que celui qu'il voulait infliger à l'innocent.

À présent, Lunete était toute joyeuse puisqu'elle s'était réconciliée avec sa maîtresse. Les deux manifestaient une immense allégresse. Tous ceux qui étaient présents offrirent leurs services, comme il se doit, à leur seigneur, sans le reconnaître. La dame, qui possédait son cœur et l'ignorait, insista pour qu'il reste jusqu'à la complète guérison du lion et la sienne.

« Madame, lui dit-il, il n'est pas temps que je demeure ici ; il faut auparavant que ma dame renonce à son dépit et à sa colère contre moi. Alors seulement toutes mes peines prendront fin.

– J'en suis peinée. Je ne trouve pas courtoise la dame qui vous tient rancune. Elle ne devrait pas interdire sa porte à un chevalier de votre valeur, à moins qu'il n'ait mal agi envers elle.

Troisième partie

– Quoi qu'il m'en coûte, j'accepte toutes les décisions de ma dame. N'en parlons plus, car pour rien au monde je ne révélerai le motif de notre querelle et mon crime, sinon à ceux qui les connaissent bien.

– Quelqu'un les sait donc, à part vous deux ? »

– Oui, madame. »

– Beau seigneur, dites-moi au moins votre nom et nous serons quitte[1].

– Quitte, madame ? Je ne crois pas. Je dois bien plus que je ne saurais rendre. Cependant, je ne vous cacherai pas comment je me fais appeler. Désormais, quand vous entendrez parler du Chevalier au lion, vous saurez que c'est moi. C'est ainsi que je veux être nommé.

– Par Dieu, cher seigneur, comment se fait-il que jamais nous ne vous ayons vu ou que nous n'ayons entendu votre nom ?

– Madame, c'est la preuve que je ne suis guère renommé ! »

Alors, la dame insista de nouveau :

« Si vous le souhaitez, je vous prierais encore de rester.

– Non, je ne le ferai pas pour ne pas déplaire à ma dame.

– Eh bien, partez donc, cher seigneur, et que Dieu vous protège ! Puisse-t-Il transformer en joie votre tourment et votre souffrance.

– Madame, dit-il, que Dieu vous entende ! »

Puis il ajouta, tout bas, entre ses dents :

« Madame, vous emportez la clef, la serrure et l'écrin où ma joie est enfermée ; pourtant vous l'ignorez. »

1. Nous ne nous devrons plus rien l'un à l'autre.

Yvain et les sœurs de la Noire Épine[1]

Sur ces mots, il partit, en proie à une immense détresse. Personne ne l'avait reconnu, sauf Lunete qui l'accompagna longuement. Sur le chemin, il la pria de ne jamais révéler l'identité de son champion.

« Seigneur, dit-elle, je ne dirai rien. »

Ensuite, il lui demanda de ne pas l'oublier et de soutenir sa cause auprès de sa maîtresse, si l'occasion s'en présentait. Lunete le rassura : elle mettrait en œuvre toute son habileté pour ce faire. Il la remercia cent fois.

Puis il la quitta, plongé dans ses pensées et ses tourments, avec son lion qu'il devait porter car l'animal était incapable de le suivre. Dans son écu, il lui avait fait une litière de mousse et de fougères. Une fois la couche préparée, il l'étendit avec d'infinies précautions, puis il l'emporta, étendu dans son écu. Il arriva devant une demeure, bien fortifiée et fort belle.

Il la trouva fermée et il appela; le portier lui ouvrit aussitôt la porte, tendit la main vers les rênes et lui dit :

« Cher seigneur, entrez donc! Je vous offre l'hospitalité au nom de mon maître, s'il vous plaît de descendre ici.

– Je veux bien accepter votre offre, dit-il, car j'en ai vraiment grand besoin et il est temps pour moi de trouver un logis. »

Il franchit la porte et vit tous les gens de la maison rassemblés. Ils vinrent tous à sa rencontre, le saluèrent et l'aidèrent à descendre de cheval. Ils déposèrent ensuite sur le perron l'écu avec le lion. D'autres prirent son cheval et le conduisirent à l'écurie; d'autres encore, le débarrassèrent

1. Arbuste qui fleurit de mars à mai.

de ses armes. Dès qu'il apprit l'arrivée du chevalier, le seigneur vint dans la cour et le salua ; ensuite arrivèrent la dame, puis tous ses fils et filles. Une grande compagnie de personnes était réunie. Ils lui offrirent une chambre calme car ils se rendaient bien compte qu'il était malade. Ils placèrent le lion auprès de lui. Deux jeunes filles expertes en chirurgie s'occupèrent de donner des soins ; c'étaient les filles du seigneur des lieux. Yvain et son lion restèrent dans ce château je ne sais combien de temps, jusqu'à ce que tous deux soient guéris et en état de repartir.

Mais, entre-temps, il arriva que le seigneur de la Noire Épine eut maille à partir[2] avec la mort qui le prit à parti[3] si durement qu'il mourut. Après son décès, voici ce qui arriva : il avait deux filles ; l'aînée déclara qu'elle disposerait de toute la terre, sans réserve, toute sa vie, et que sa sœur n'aurait rien ; la cadette répondit qu'elle irait à la cour du roi Arthur demander de l'aide pour soutenir son droit sur sa part d'héritage. Quand l'aînée vit que sa sœur ne céderait pas toutes les terres sans contester, elle éprouva une grande peur et décida de la précéder à la cour. Aussitôt elle se prépara sans perdre de temps. Elle voyagea rapidement et arriva à la cour. Sa sœur cadette se mit en chemin après elle et se hâta du mieux qu'elle put, mais en pure perte : quand elle arriva, son aînée avait déjà plaidé sa cause auprès de monseigneur Gauvain qui lui avait accordé ce qu'elle voulait. Mais ils avaient convenu que si elle révélait leur accord, il ne la défendrait plus. Elle avait accepté ce contrat.

Quand l'autre sœur arriva à la cour, vêtue d'un court manteau en soie fourrée d'hermine neuve, il y avait trois

Troisième partie

Le droit d'aînesse

À la mort de son père, le fils aîné d'un seigneur obtenait le château, le moulin, le four et le pressoir. Puis on procédait au partage des biens restants dont il prenait encore les deux tiers s'il n'y avait que deux enfants, la moitié dans les autres cas. Ce droit servait à perpétuer la richesse des grandes familles. Toutefois le droit d'aînesse ne s'appliquait qu'aux garçons. Dans le roman, la sœur aînée essaie de l'appliquer à elle, injustement.

2. Dut se battre.
3. L'attaqua.

Yvain, le Chevalier au lion

> **Lancelot, un roman inachevé**
>
> Chrétien de Troyes n'a pas achevé la rédaction de *Lancelot, le Chevalier à la charrette*. Son récit s'arrête au moment où Lancelot se trouve emmuré dans une tour isolée, au bord de la mer.

jours que la reine et les autres prisonniers de Méléagant étaient revenus. Seul Lancelot, victime d'une trahison, était resté dans la tour. Le jour même à la cour on apprit la mort du géant, cruel et lâche, tué au combat par le Chevalier au lion. Les neveux de Gauvain le saluèrent de sa part. Sa nièce lui retraça en détails l'immense service et l'inestimable protection que le chevalier lui avait offerts pour l'amour de son ami. Elle ajouta que son oncle connaissait leur sauveur, même s'il en ignorait l'identité.

La sœur cadette avait essayé de convaincre monseigneur Gauvain, mais il lui avait répondu : « Amie, vous me priez en vain : je ne puis accepter parce que j'ai entrepris une autre affaire qu'il m'est impossible d'abandonner. »

Le désespoir et l'inquiétude s'emparèrent de la jeune demoiselle car elle réalisait qu'elle ne trouverait à la cour ni conseil ni aide puisque le meilleur de tous se dérobait. Elle alla alors trouver le roi Arthur :

« Mon roi, dit-elle, je suis venue chercher assistance[1] à ta cour mais je n'en trouve pas et je m'en étonne. Je ne voudrais pas partir sans prendre congé de toi. Que ma sœur sache, toutefois, qu'elle obtiendrait une partie de mon bien de gré à gré[2] ; mais je ne lui abandonnerai jamais mon héritage par la force si je trouve soutien et aide.

– Vous parlez sagement, dit le roi. Comme votre sœur est ici, je lui conseille, lui recommande et la prie même de vous laisser ce qui vous revient de droit. »

Sûre d'avoir le meilleur champion[3] du monde, l'aînée lui répondit à ces termes : « Sire, Dieu me confonde si jamais de mes terres je lui cède un château, une ville, un bois, un champ, ou rien d'autre ! Mais si un chevalier ose prendre

1. Aide.
2. Si nous trouvions un accord.
3. Ici, Gauvain.

les armes pour elle et faire triompher son droit, qu'il se présente tout de suite.

– Votre offre n'est pas faite selon les règles, fit le roi. Si elle veut trouver quelqu'un, elle doit disposer d'un délai de quarante jours, selon l'usage de toutes les cours.

– Beau sire, mon roi, dit-elle, vous établissez les lois à votre convenance et comme bon vous semble. Il ne m'appartient pas de vous contredire à ce sujet ; j'accepte donc ce délai si ma sœur est d'accord. »

La cadette répondit qu'elle le voulait, le désirait et le demandait. Aussitôt, elle recommanda le roi à Dieu et quitta la cour, décidée à chercher partout le Chevalier au lion qui mettait sa vaillance au service de celles qui avaient besoin d'aide.

Elle commença sa quête et traversa de nombreuses contrées sans avoir de nouvelles du chevalier. Elle en éprouva un tel chagrin qu'elle en tomba malade. Mais elle eut la chance d'arriver chez un de ses amis qui l'aimait beaucoup. À voir son visage, tous comprirent qu'elle n'était pas en bonne santé et ils s'efforcèrent de la retenir, jusqu'à ce qu'elle leur raconte son histoire.

Une autre demoiselle continua alors le voyage à sa place, ce qui permit à la malade de se reposer. Cette jeune fille voyagea toute la journée, seule, à grande allure, jusqu'à la nuit noire. L'obscurité l'effraya et son angoisse redoubla parce qu'il pleuvait à verse et qu'elle était au cœur d'une épaisse forêt. La nuit et le bois la terrifiaient, mais la pluie plus encore. Le chemin était si mauvais que, souvent, son cheval avait de la boue presque jusqu'aux sangles[4]. On

4. Lanières qui servent à maintenir la selle.

comprend la terreur de la demoiselle, seule, sans escorte, par le mauvais temps et une nuit épouvantable, si noire qu'elle ne voyait pas le cheval qu'elle montait. Aussi suppliait-elle sans cesse Dieu puis la Vierge et ensuite tous les saints et toutes les saintes. Cette nuit-là, elle fit maintes prières à Dieu pour qu'Il la guide vers un logis et l'arrache à ce bois.

Elle pria tant qu'elle entendit le son d'un cor, ce qui la réjouit beaucoup. Elle pensait trouver un gîte tout près. Elle se dirigea vers le son et se retrouva sur une voie pavée. Par trois fois, longuement, le cor sonna très fort. Elle se hâta avec énergie et arriva à une croix dressée à la droite du chemin. Elle pensait que là se trouvaient le cor et celui qui en sonnait. Elle éperonna[1] son cheval dans cette direction. Elle parvint à un pont et vit les murs blancs et les fortifications d'un petit château rond.

Il y avait là un guetteur, monté sur les murailles. Dès qu'il la vit, il la salua, descendit, prit la clef de la porte et lui ouvrit en disant :

« Bienvenue, jeune fille, qui que vous soyez ! Cette nuit, vous aurez un bon logis.

– Je ne demande rien d'autre », fit la jeune fille pendant qu'il la faisait entrer.

Après la fatigue et les tourments de la journée, elle trouva ce gîte remarquable car elle y fut fort bien reçue. Après le repas, son hôte s'adressa à elle, lui demandant où elle allait et ce qu'elle cherchait. Alors, elle lui répondit :

« Je cherche quelqu'un que je n'ai jamais vu et que je ne connais pas. Il a un lion avec lui et on m'a dit que, si je le trouvais, je pouvais lui faire entière confiance.

---

1. Donna des coups d'éperon pour faire avancer plus vite le cheval.

Troisième partie

– Je m'en porte garant[2], répondit le seigneur, car Dieu l'a conduit à moi alors que j'étais dans une situation très critique. Bénis soient les chemins qui l'ont mené chez moi car il m'a vengé de mon ennemi mortel et, à mon grand plaisir, il l'a tué sous mes yeux. Demain, vous pourrez voir le corps d'un géant qu'il a tué si vite qu'il n'a pas eu le temps de transpirer.

– Par Dieu, seigneur, dit la jeune fille, dites-moi, si vous le savez, où il est parti et où il est maintenant.

– Je l'ignore, répondit-il, que Dieu m'en soit témoin, mais demain je vous conduirai à la route qu'il a prise pour partir.

– Que Dieu me mène là où l'on pourra me renseigner, car, si je le trouve, je serai très contente. »

Ils parlèrent ainsi fort longuement jusqu'au moment d'aller se coucher. Au lever du jour, la demoiselle était déjà debout, impatiente à l'idée de voir sa quête aboutir. Le seigneur de la maison se leva. Accompagné de tous ses gens, il la guida au chemin qui menait à la fontaine sous le pin. Elle se hâta de prendre cette route. Une fois arrivée au château, elle demanda aux premières personnes qu'elle rencontra de lui dire où se trouvaient le lion et le chevalier qui se tenaient compagnie l'un à l'autre. On lui répondit qu'il avait triomphé de trois chevaliers à cet endroit précis. Elle leur répliqua aussitôt :

« Par Dieu, ne me cachez rien, si vous en savez davantage.

– Hélas non, lui répondit-on, personne ne sait ce qu'il est devenu. Si celle qu'il a sauvée ne vous renseigne pas, nul ne le fera. Si vous voulez lui parler, vous n'avez pas à

2. Je peux vous l'assurer.

aller loin car elle est allée prier Dieu et entendre la messe dans cette église. Elle y est depuis si longtemps que ses oraisons[1] sont peut-être terminées. »

Pendant qu'ils parlaient ainsi, Lunete sortit de l'église. Ils dirent à la jeune fille : « La voilà ! » Elle alla à sa rencontre et, après les salutations d'usage, lui demanda les informations qu'elle cherchait. Lunete dit qu'elle allait faire seller un palefroi car elle voulait l'accompagner : elle l'emmènerait à l'endroit où elle avait quitté le chevalier. La jeune fille la remercia de tout son cœur. Le cheval fut vite prêt : on le lui amena et elle monta en selle. Pendant qu'elles chevauchaient, Lunete raconta à sa compagne comment elle avait été accusée de trahison, comment le feu avait été mis au bûcher où elle devait être brûlée, comment le chevalier était venu l'aider alors qu'elle en avait le plus grand besoin.

Tout en parlant ainsi, elle accompagna la demoiselle jusqu'au chemin où monseigneur Yvain l'avait quittée. Là, elle lui dit :

« Vous prendrez ce chemin et vous arriverez en un lieu où on vous donnera, s'il plaît à Dieu et au Saint-Esprit, des nouvelles plus récentes que les miennes. Je me souviens fort bien l'avoir laissé près d'ici ou ici même. Nous ne nous sommes pas vus depuis et je ne sais pas ce qu'il lui est arrivé car, quand nous nous sommes quittés, il aurait eu grand besoin de soins. Que Dieu vous accorde de le trouver en bonne santé, s'il Lui plaît. Maintenant, allez-y ; je ne vous suivrai pas plus loin, de crainte que ma maîtresse ne se mette en colère contre moi. »

Elles se séparèrent aussitôt. L'une revint sur ses pas tandis que l'autre s'en allait seule jusqu'à arriver à la maison

1. Prières.

Troisième partie

où monseigneur Yvain séjourna jusqu'à sa guérison complète. Devant la porte, elle vit des gens, des chevaliers, des dames et des serviteurs, ainsi que le maître de la demeure. Après les avoir salués, elle les pria de lui indiquer où trouver le chevalier qu'elle recherchait :

« Il se distingue, à ce que j'ai entendu dire, par le fait qu'il ne se sépare jamais de son lion.

– Par ma foi, jeune fille, dit le seigneur, il vient de nous quitter. Vous le rattraperez aujourd'hui si vous arrivez à suivre ses traces, mais ne tardez pas.

– Seigneur, répond-elle, Dieu m'en garde ! Mais dites-moi de quel côté je dois aller.

– Par ici, tout droit ».

Ils lui demandèrent de saluer le chevalier de leur part. Peine perdue, car loin de s'en soucier, la demoiselle lança son cheval au grand galop, le trot lui paraissant trop lent même si son palefroi allait à toute vitesse. Elle galopa ainsi dans la boue puis sur des routes égales et planes jusqu'à ce qu'elle aperçoive le chevalier et son lion. Joyeuse, elle se dit : « Dieu, aide-moi ! Je vois maintenant celui que j'ai tant cherché. J'ai bien suivi sa trace, mais à quoi servira cette recherche si je ne le convainc pas de me suivre ? À peu de chose ou à rien du tout, à la vérité ! Si je ne l'emmène pas avec moi, j'aurai perdu ma peine. »

En parlant ainsi, elle se pressa tant que son cheval fut entièrement baigné de sueur. Elle rejoignit le chevalier et le salua. Le chevalier lui répondit aussitôt :

« Que Dieu vous garde, belle jeune fille, et qu'Il vous préserve des injustices et des chagrins !

– Vous aussi, seigneur, qui pourriez me les épargner ! »

Se plaçant à côté de lui, elle lui dit :

« Seigneur, je vous ai beaucoup cherché. Votre renommée m'a lancé dans bien des fatigues et m'a conduit à traverser de nombreuses contrées. Dieu merci, je vous ai trouvé. Si cette quête m'a coûté quelque douleur, je ne me plains pas et ne m'en souviens pas. Toutes mes douleurs ont disparu dès que je vous ai rejoint. Toutefois ce n'est pas pour moi que je suis là : je suis envoyée à vous par une demoiselle d'un rang supérieur au mien, plus noble et plus méritante. Mais, si vous lui faites défaut[1], votre renommée l'aura trompée car elle n'attend d'aide que de vous. Elle demande votre secours dans un différend[2] avec sa sœur qui la dépossède de son héritage. Elle serait venue elle-même vous trouver si une maladie ne l'avait retenue au lit de force. Maintenant, répondez-moi, s'il vous plaît, et dites-moi si vous osez venir ou si vous y renoncez.

– Renoncer ne mène pas à la gloire, donc je ne renoncerai pas ; ma douce amie, je vous suivrai volontiers là où il vous plaira si celle pour qui vous me cherchez a grand besoin de moi. Ne désespérez pas car je ferai tout ce qui est en mon pouvoir pour l'aider. Que Dieu me donne le courage et la grâce de faire triompher son bon droit. »

---

[1] Si vous ne l'aidez pas.
[2] Désaccord, litige.

Pause lecture 3

Troisième partie
Yvain et le lion

Au secours des opprimés p. 94 à 108

Avez-vous bien lu ?

Lunete doit être brûlée car elle est accusée :
- ❏ de vol.
- ❏ de trahison.
- ❏ de meurtre.

Au secours du lion (l. 1 à 116)

1 Dans quel épisode biblique un serpent joue-t-il un rôle important ? Que symbolise-t-il ? À quel animal de légende le serpent ressemble-t-il dans *Yvain* ?

2 Pourquoi Yvain est-il aussi troublé quand il se retrouve devant la fontaine merveilleuse ? Que tente de faire le lion ? Pour quelle raison ? Montrez que l'animal est humanisé.

Au secours de Lunete (l. 117 à 233)

3 Pour quelle raison Yvain se sent-il responsable de la condamnation de Lunete ? Quelle est sa seule chance d'être sauvée ? En qui espérait-elle avant d'avoir vu Yvain ?

Au secours du seigneur et de ses enfants (l. 234 à 401)

4 Pourquoi les habitants du château sont-ils à la fois joyeux et désespérés ? Au nom de qui et de quoi le Chevalier au lion se porte-t-il à leur secours ?

5 Pour quelle raison Yvain ne peut-il pas promettre au seigneur d'affronter le géant ? Relevez tous les indices temporels fournis par le récit. En quoi le manque de temps contribue-t-il à dramatiser cet épisode ?

Pause lecture 3 — Troisième partie

Yvain, le champion victorieux p. 108 à 119

Avez-vous bien lu ?

Le géant et le sénéchal sont tués :
- ❏ par Yvain.
- ❏ par le lion.
- ❏ par les deux à la fois.

Le combat contre le géant (l. 1 à 120)

1 Comment le géant est-il habillé ? Avec quel instrument se bat-il ? Pourquoi le narrateur donne-t-il ces précisions ? Quelle signification symbolique revêt alors le combat entre Yvain et Harpin de la Montagne ?

2 « Rien ne sert d'accomplir un exploit si personne ne le connaît. » (l. 102-103).
Qui parle ici ? Quelle signification prennent-elles dans ce passage ?
et dans l'ensemble du roman ?

3 À quel moment Yvain prend-il le surnom de « Chevalier au lion » ?
Après sa victoire, montrez qu'Yvain a une attitude noble et désintéressée.

Le combat contre le sénéchal et ses deux frères (l. 121 à 301)

4 Pour qui les paroles du sénéchal et de ses frères (l. 177 à 181) sont-elles insultantes ?

5 Montrez que ce combat est plus difficile pour Yvain que le précédent.
Comment la cruauté de la lutte est-elle soulignée ?

6 Avec qui Yvain parle-t-il après sa victoire ? Pourquoi refuse-t-il de révéler son identité et pour quelle raison repart-il ?

Pause lecture 3

Yvain et les sœurs de la Noire Épine p. 120 à 128

Avez-vous bien lu ?

La sœur cadette cherche le Chevalier au lion car :
- ❏ elle apprend ses prouesses à la cour d'Arthur.
- ❏ il lui a promis son aide.
- ❏ elle le connaît fort bien.

La querelle entre les sœurs (l. 1 à 100)

1. La sœur aînée avance-t-elle des arguments pour justifier sa décision de prendre tout l'héritage ?
2. Auprès de qui la sœur cadette espérait-elle trouver de l'aide ? Qui va le remplacer ? Dans quels épisodes précédents Yvain joue-t-il le même rôle ?
3. Quelle est l'unique décision prise par le roi Arthur dans le conflit qui oppose les deux sœurs ? Quelle image est ainsi donnée du pouvoir royal exercé par ce roi ?

À la recherche d'Yvain le preux (l. 101 à 257)

4. Retracez les étapes suivies par la sœur cadette puis par la demoiselle partie à la recherche d'Yvain. Comparez l'ordre des étapes à celui des aventures d'Yvain racontées précédemment.
5. Comment la demoiselle plaide-t-elle la cause de la sœur cadette devant Yvain ? Qu'est-ce qui le conduit à accepter d'être son champion ? Contre qui va-t-il devoir se battre d'après vous ?

Pause lecture 3 — Troisième partie

Vers l'expression

Vocabulaire

1. a. On appelle « doublets » deux mots qui viennent de la même racine latine. Le nom latin *caballus* a donné « cheval » (formation populaire) et « cavale » (formation savante). Trouvez deux mots issus de la formation populaire et deux autres de la formation savante.

b. En grec, cheval se dit *hippos*. Quels mots français dérivent de ce radical ?

2. Les mots de la liste 1 sont tirés du texte en ancien français de Chrétien de Troyes. Cherchez dans la liste 2 comment ils ont été traduits.

Liste 1 : 1. Se pâmer – 2. Occire – 3. Olifant – 4. Navrer – 5. Ouïr – 6. Preux.
Liste 2 : a. Entendre – b. Vaillant – c. Cor – d. S'évanouir – e. Tuer.

À vous de jouer

Rédigez un récit.

À la manière de Chrétien de Troyes, rédigez les aventures d'un chevalier qui s'appellerait le Chevalier au loup. Imaginez pourquoi il a décidé de prendre ce nom.

Rédigez un sujet de réflexion.

Le lion devient le compagnon d'Yvain. Quels sont, selon vous, les avantages et les inconvénients d'avoir un fauve pour animal de compagnie ?

Pause lecture 3

Du texte à l'image

Observez le document → voir dossier images p. III

Miniature à la peinture extraite du manuscrit *Yvain, le Chevalier au lion*, vers 1320-1330, BnF, Paris.

1. Quel moment du récit la première vignette (en haut à gauche) représente-t-elle ? Qui est à la fenêtre ? Quel animal est peint sur l'écu d'Yvain ? Expliquez.
2. D'après le récit (l. 108 à 112), qui Yvain combat-il dans la deuxième vignette (en haut à droite) ? Avec quelle arme se bat l'adversaire d'Yvain sur l'enluminure ? et dans le roman ?
3. Que représente la masse orangée au milieu de la vignette du bas ? Qui est la jeune fille représentée ici les mains attachées ?
4. Contre qui Yvain engage-t-il la lutte dans la vignette du bas ? Le combat se fait-il d'égal à égal ? Quel rôle joue le lion ?
5. Dans la dernière vignette, à quoi reconnaît-on la dame de Landuc ?

Yvain, le Chevalier au lion

Au château de Pire Aventure

Yvain et la jeune fille chevauchèrent ensemble tout en parlant, tant et si bien qu'ils arrivèrent près du château de Pire Aventure. Ils n'eurent pas envie d'aller plus loin car la nuit tombait. Tandis qu'ils approchaient du château, les gens qui les voyaient arriver disaient tous, sans exception, au chevalier :

« Malheur à vous seigneur, vous êtes malvenu ! Ce logis vous a été indiqué pour votre malheur et votre honte. Un abbé pourrait le jurer !

– Eh ! dit-il, engeance[1] folle, infâme et pleine de lâcheté, pourquoi me provoquez-vous ainsi ?

– Pourquoi ? Vous le saurez que trop si vous avancez encore un peu et si vous allez tout en haut de cette forteresse. »

Monseigneur Yvain se dirigea aussitôt vers le donjon et les gens se mirent à crier et à hurler à pleine voix :

« Hou, hou, malheureux, où vas-tu ? Si jamais dans ta vie tu as reçu un affront, là où tu vas, tu en subiras de tels que jamais tu n'oseras les raconter.

– Engeance sans honneur et sans vaillance ! répondit monseigneur Yvain. Engeance misérable et insolente, pourquoi vous en prendre à moi ? Que me reprochez-vous ? Que me voulez-vous, vous qui vous acharnez après moi ?

– Ami, tu te mets en colère pour rien, dit alors une vieille dame fort noble et fort sage, car nous ne voulons pas te faire du mal mais, au contraire, t'avertir de ne pas chercher un logis là-haut. Ces gens n'osent pas t'expliquer pourquoi ; ils t'injurient parce qu'ils veulent te faire peur. Ils ont pris

[1]. Personnes détestables.

l'habitude d'agir ainsi avec tous ceux qui arrivent pour les empêcher d'aller là-bas. Maintenant, c'est à toi de réfléchir. Personne ne te barre la route. Si tu le veux, tu monteras là-haut mais, si tu m'en crois, tu t'en retourneras.

– Madame, répondit-il, si j'écoutais vos conseils, je crois que j'y trouverais honneur et profit, mais je ne sais où trouver d'autre gîte pour cette nuit.

– Par ma foi, fit-elle, je me tais car cette affaire ne me regarde plus. Allez où bon vous semble. Cependant j'aurais grande joie à vous voir revenir de là-bas sans avoir subi une trop grande honte ; mais c'est impossible.

– Dame, dit-il, Dieu vous le rende ! Mais mon cœur, dans sa folie, m'attire là-bas et je ferai donc ce que veut mon cœur. »

Aussitôt, il se dirigea vers la porte, avec le lion et la jeune fille. Le portier l'interpella : « Malheur à vous ! » C'est par cette invitation bien désagréable que le portier le pressa de monter. Sans répondre, monseigneur Yvain passa devant lui et découvrit une grande salle haute, récemment construite. Devant se trouvait un préau clos de gros poteaux de bois, au bouts pointus. Par les interstices[2], il vit à l'intérieur jusqu'à trois cents jeunes filles qui réalisaient divers ouvrages avec des fils d'or et de soie. Chacune travaillait du mieux qu'elle pouvait. Mais elles étaient dans un tel dénuement[3] que beaucoup n'avaient ni lacet ni ceinture à leurs vêtements. Elles portaient des tuniques déchirées qui laissaient apparaître leurs poitrines et leurs côtes ; leurs chemises étaient sales à l'encolure. Elles avaient des cous amaigris et des visages pâlis par la faim et la misère.

Quatrième partie

2. Petits espaces vides entre les poteaux.
3. Misère.

Il les vit et elles le virent. Alors, toutes baissèrent la tête et pleurèrent. Durant un long moment, elles ne parvinrent plus à rien faire, sans même pouvoir lever les yeux tant elles étaient affligées.

Après les avoir regardées quelques instants, monseigneur Yvain fit demi-tour et se dirigea droit vers la porte. Le portier s'élança vers lui et lui cria : « Interdit de passer ! Vous ne sortirez pas d'ici, beau maître ! Vous voudriez bien être dehors, mais, sur ma tête, n'y comptez pas. Avant de repartir, vous essuierez tant d'humiliations que vous ne pourrez en supporter davantage. Vous avez manqué de réflexion quand vous êtes venu ici car il n'est pas question d'en sortir.

– Mon ami, répondit monseigneur Yvain, telle n'est pas mon intention. Dis-moi, sur l'âme de ton père, ces demoiselles que j'ai vues dans ce préau et qui tissent des étoffes de soie brodées d'or, d'où viennent-elles ? J'apprécie beaucoup les ouvrages qu'elles réalisent, mais je n'ai aucun plaisir à les voir si maigres, si pâles et si tristes. Elles auraient, je crois, beaucoup de beauté et de grâce si elles avaient ce qu'elles peuvent désirer.

– Je ne vous dirai rien, dit le portier, cherchez quelqu'un d'autre pour vous renseigner !

– Je n'y manquerai pas, puisque je ne peux faire autrement. »

Il trouva la porte du préau où travaillaient les demoiselles et il se présenta à elles. Il les salua toutes ; il voyait tomber à grosses gouttes les larmes qui coulaient de leurs yeux tandis qu'elles pleuraient. Il leur dit alors : « Que Dieu vous ôte du cœur cette peine, dont j'ignore l'origine, et la change en joie ! » L'une d'elles répondit : « Que Dieu vous entende ! Nous ne vous cacherons pas qui nous sommes et de quel pays nous venons, si vous désirez le savoir.

– Je ne suis pas venu pour autre chose, répondit-il. »

« Seigneur, il y a très longtemps, le roi de l'Île-aux-Pucelles voyageait de cour en cour et de pays en pays, en quête de nouveautés. Un beau jour, sans réfléchir, il s'est fourvoyé[1] dans un piège. Il est venu dans ce pays pour notre malheur car c'est nous captives qui en récoltons honte et chagrin sans les avoir mérités. Vous-même, attendez-vous aux pires humiliations, si l'on n'accepte pas votre rançon.

« Toujours est-il que notre seigneur est venu dans ce château où habitent deux fils du diable. Ne prenez pas mes propos pour une fable : ils sont nés d'une femme et d'un nuiton. Le roi allait devoir combattre ces deux démons – épreuve terrible pour lui qui n'avait pas dix-sept ans – et ils allaient le déchirer en deux comme un tendre agnelet. Au comble de la frayeur, le roi s'est sorti de ce mauvais pas du mieux qu'il pouvait : il a juré d'envoyer ici, tous les ans, trente jeunes filles ; il a été tenu pour quitte[2] par ce tribut qu'il a promis de maintenir jusqu'à la mort des deux démons. Mais que le jour même où ils seront vaincus ou tués au combat, le roi en sera délivré et nous, libérées de l'humiliation, du travail et de la misère.

« Mais je suis bien naïve de parler de délivrance car jamais nous ne sortirons d'ici. Toujours nous tisserons la soie et jamais nous ne serons mieux vêtues. Toujours nous serons pauvres et nues, toujours nous aurons faim et soif ; jamais nous ne pourrons gagner assez pour être mieux

Quatrième partie

Le nuiton

Le mot *nuiton* (ou *luiton* en ancien français, *lutin* en français moderne) dérive de *Neptune*, nom latin du dieu de la mer. Le nuiton est considéré, au Moyen Âge, comme un démon, tout droit sorti de l'enfer.

1. Est tombé.
2. Il a été libéré.

nourries. Le pain nous est rationné : nous en avons une petite quantité le matin et encore moins le soir. Du travail de ses mains, chacune ne tire que quatre deniers de la livre. Avec cette somme nous ne pourrons jamais nous procurer suffisamment de nourriture et de vêtements car vingt sous par semaine suffiraient à peine. Pourtant, soyez-en sûr, aucune d'entre nous ne rapporte moins de vingt sous[1]. À ce tarif, même un duc s'enrichirait ! Nous sommes dans la plus grande pauvreté tandis que celui pour qui nous travaillons s'enrichit de notre ruine. Nous veillons une grande partie de la nuit et toute la journée pour augmenter son bénéfice, car on menace de nous mutiler dès que nous nous reposons. Aussi n'osons-nous pas faire de pauses.

« Que vous raconter de plus ? Nous subissons tant de misères et d'humiliations que je ne saurais vous en dire le quart. Mais ce qui nous plonge dans le désespoir, c'est que nous voyons très souvent des chevaliers pleins de vaillance mourir en combattant les deux démons. Ils paient cher l'hospitalité qu'on leur offre. Il en sera de même pour vous demain car, de gré ou de force[2], il vous faudra combattre ces deux diables vivants et vous y perdrez votre renommée.

– Que Dieu m'en préserve, répondit monseigneur Yvain, et qu'Il vous rende honneur et joie, si telle est Sa volonté ! Maintenant, je dois aller voir comment les gens qui habitent ici vont m'accueillir.

– Allez-y, seigneur ! Et que vous garde Celui qui prodigue et dispense[3] tous les biens[4] ! »

Alors il partit et alla jusqu'à la salle ; il n'y trouva personne pour lui adresser la parole, en bien ou en mal.

---

1. Les jeunes filles gagnent 4 deniers (soit 1/4 de sou), mais leur travail rapporte 20 sous (soit 80 fois plus). Le bénéfice réalisé est donc très important.
2. Que vous le vouliez ou non.
3. Donne et distribue.
4. Il s'agit de Dieu.

Quatrième partie

Monseigneur Yvain, accompagné du lion et de la jeune fille, traversa toute la demeure et arriva dans un verger. Il y entra, suivi de son escorte. Il vit, appuyé sur son coude, un seigneur magnifiquement vêtu, allongé sur une étoffe de soie. Devant lui, une jeune fille lisait un roman, je ne sais lequel. Pour écouter la lecture, une dame était venue s'accouder près d'eux : c'était la mère de la jeune fille ; le seigneur était son père. Ils se réjouissaient de la voir et de l'entendre car elle était leur unique enfant. Elle n'avait pas dix-sept ans ; elle était si belle et si gracieuse que, s'il l'avait vue, le dieu Amour aurait souhaité la servir et n'aurait jamais voulu qu'elle soit aimée par un autre que lui. Pour se mettre à son service, il aurait pris apparence humaine, se dépouillant de sa nature divine, et il se serait lui-même enfoncé dans le corps la flèche dont la blessure ne guérit pas. Celui qui en guérit n'aime pas véritablement. Je pourrais vous parler longuement de cette blessure d'amour, s'il vous plaisait de m'écouter, mais il y aurait vite quelqu'un pour dire que je parle dans le vide. Aujourd'hui, les gens n'aiment plus comme avant et ils ne veulent même pas entendre parler d'amour.

Mais écoutez maintenant de quelle manière monseigneur Yvain est reçu ! Quel accueil on lui fait, quel visage on lui offre ! Tous ceux qui étaient dans le verger se levèrent dès qu'ils le virent et lui dirent : « Cher seigneur ! Soyez bénis, vous et tous ceux que vous aimez ». J'ignore s'ils voulurent le tromper, mais ils l'accueillirent avec grande joie et laissèrent voir qu'ils avaient plaisir à lui réserver un accueil somptueux. La fille du seigneur en personne le servit et lui témoigna beaucoup d'honneur comme il convient pour un hôte de marque. Elle le débarrassa de ses armes, et ce n'est pas tout : elle lui lava le visage et le cou de ses propres mains. Le seigneur voulut qu'on lui rende toutes les marques d'honneur et c'est là ce que fit sa fille : elle sortit d'un coffre une chemise finement plissée et de blanches braies[1]; elle l'en revêtit puis, prenant du fil et une aiguille, lui cousit les manches[2]. Que Dieu fasse que monseigneur Yvain ne paie pas trop cher toutes ces attentions flatteuses! Pour mettre par dessus sa chemise, elle lui apporta un beau surcot[3] et lui jeta sur les épaules un manteau sans aiguillettes[4], fourré de vair. Elle est si empressée à le servir qu'Yvain en est confus et gêné. Mais la jeune fille est si courtoise, si généreuse et si noble qu'elle pense avoir fait trop peu encore. Elle sait que sa mère est satisfaite de la voir faire à sa place tout ce qui peut flatter leur hôte.

Le soir, lors du repas, on servit tant de plats à monseigneur Yvain qu'il y en eut trop; les serviteurs s'épuisaient à les apporter. La nuit venue, on le conduisit jusqu'à sa chambre avec tous les honneurs dus à son rang et on lui fit préparer un lit très confortable. Dès qu'il fut couché, personne ne le dérangea. Le lion s'allongea à ses pieds, comme à l'habitude. Au matin, quand Dieu eut illuminé le monde de sa clarté, monseigneur Yvain et la demoiselle se levèrent sans tarder. Ils entendirent, dans une chapelle, une messe qui fut rapidement célébrée.

Après la messe, monseigneur Yvain apprit une bien mauvaise nouvelle, au moment où il pensait partir sans autre difficulté. En fait, on ne lui laissa pas le choix. Quand il dit au maître des lieux : « Seigneur, avec votre permission, je voudrais prendre congé », ce dernier répondit :

1. Pantalon ample.
2. Coudre des vêtements sur la personne est signe de raffinement.
3. Tunique.
4. Cordons.

Quatrième partie

« Ami, je ne vous le donne pas. Dans ce château, est établie une coutume diabolique, très redoutable, mais que je dois maintenir. Je vais faire venir ici deux de mes serviteurs, très grands et très forts. De gré ou de force, vous devrez les combattre tous les deux. Si vous arrivez à leur résister, à les vaincre et à les tuer tous les deux, je vous donnerai ma fille comme épouse et ce château vous appartiendra, avec toutes ses dépendances.

– Seigneur, répondit Yvain, je ne veux point de votre terre, Dieu m'en refuse la moindre parcelle acquise à ce prix ; et que votre fille reste auprès de vous, elle qui ferait honneur à l'empereur d'Allemagne s'il se mariait avec elle, tant elle est belle et bien éduquée.

– Taisez-vous, cher hôte ! dit le seigneur. Inutile de refuser car vous ne pourrez y échapper : le chevalier qui vaincra les deux hommes quand ils viendront l'attaquer doit avoir mon château, ma fille pour épouse et tout mon bien. Il est absolument impossible de renoncer au combat ou de l'annuler. Mais je vois bien que vous refusez ma fille par lâcheté ; vous pensez ainsi échapper à la bataille. Mais, sachez-le, vous devrez combattre sans faillir[5]. Aucun chevalier qui couche ici ne peut s'en dispenser. Cette coutume durera tant que ma fille ne sera pas mariée, lorsque je verrai les deux serviteurs morts ou vaincus.

– Il me faut donc combattre, mais c'est contre mon gré[6]. Je m'en passerais bien, je vous l'assure. Puisqu'il ne peut en être autrement, je livrerai ce combat qui me déplaît. »

Alors surgirent, hideux et noirs, les deux fils du nuiton[7]. Ils portaient tous deux un bâton pointu de cornouiller[8], garni de cuivre et cerclé de fils de laiton[9]. Ils étaient armés des épaules

5. Sans vous dérober.
6. Contre ma volonté.
7. Voir encart p. 137.
8. Bois très dur servant à fabriquer des outils.
9. Alliage de cuivre et de zinc.

aux genoux, mais avaient la tête et le visage découverts ainsi que les jambes nues, énormes. C'est dans cette tenue qu'ils arrivèrent, tenant au-dessus de leurs têtes un écu rond, résistant et léger, dont ils se servaient pour se protéger.

Dès qu'il les vit, le lion commença à frémir : il savait fort bien, en voyant leurs armes, qu'ils venaient se battre contre son maître. Son poil se hérissa, sa crinière se dressa ; il tremblait de colère et battait la terre avec sa queue, brûlant d'envie de porter secours à son maître, avant qu'il ne soit trop tard. Quand les deux fils du nuiton l'aperçurent, ils dirent :

« Vassal[1], éloignez votre lion qui nous menace ou déclarez-vous vaincu. Sinon, assurément, il faut le mettre dans un lieu où il ne puisse ni vous aider ni nous nuire. Venez seul vous divertir avec nous ! Votre lion vous aiderait très volontiers s'il le pouvait !

– Vous qui le redoutez, répondit monseigneur Yvain, éloignez-le vous-même ! Car il me plairait bien qu'il vous blesse et qu'il m'aide, s'il le peut.

– Par ma foi, dirent-ils, il n'en est pas question ! Combattez du mieux que vous pourrez, seul, sans aucune aide. Vous devez être seul et nous, deux. Si le lion est avec vous, et qu'il se mêle au combat, vous ne seriez plus seul. Nous serions deux contre nous deux. Il faut donc, c'est la règle, éloigner votre lion, même si cela vous contrarie.

– Où voulez-vous qu'il soit ? Où voulez-vous que je le mette ? »

Ils lui montrèrent une petite chambre en lui disant :

« Enfermez-le là-dedans !

– Ce sera fait, puisque vous le voulez. »

---

1. Ici, le terme est injurieux.

Quatrième partie

Yvain enferma le lion. Aussitôt, on va lui chercher ses armes pour qu'il les revête. On sort son cheval, on le lui amène et il monte en selle. Impatients de le mettre à mal et de l'humilier, les deux combattants se précipitent sur lui, maintenant qu'ils n'ont plus à redouter le lion enfermé dans la chambre. Ils lui donnent de grands coups de massue, tant et si bien que son écu et son heaume ne lui sont pas d'un grand secours. Ils enfoncent son heaume et mettent en pièces son écu qui fond comme de la glace; ils y font de si gros trous qu'on pourrait y passer les poings. L'un et l'autre sont bien redoutables. Que fait Yvain contre ces deux démons ? Enflammé par la honte et la crainte, il se défend de toutes ses forces et s'efforce de donner de grands coups puissants. Ses adversaires ne manquent pas de cadeaux car il leur rend leurs bontés au double !

Le lion, qui est dans la chambre, a le cœur lourd et troublé car il se souvient de la grande bonté et de la générosité de son maître qui aurait grand besoin, à présent, de son aide. Il lui rendrait ses bontés sans compter, s'il pouvait sortir de là. Il tourne et retourne en tous sens mais il ne voit pas comment s'échapper. Il entend les coups échangés dans ce combat, dangereux et déloyal. Il en éprouve un tel chagrin qu'il devient enragé. À force de chercher, il s'aperçoit que le seuil est pourri, près du sol. Il le gratte tellement qu'il s'y glisse et s'y faufile jusqu'aux reins.

Monseigneur Yvain est épuisé et en sueur : les deux misérables qu'il combat sont vigoureux, perfides et endurcis. Il a rendu autant de coups qu'il en a reçu, mais sans les atteindre, car ils sont très adroits pour les esquiver. Leurs écus sont impossibles à entamer, si tranchante et aiguisée que soit son

Yvain, le Chevalier au lion

épée. Aussi monseigneur Yvain peut à juste titre redouter la mort. Mais il tient bon, jusqu'au moment où le lion, à force de gratter sous le seuil, arrive à s'échapper complètement.

Si à présent les deux traîtres ne sont pas terrassés, ils ne le seront jamais car le lion n'aura ni trêve ni paix tant qu'ils seront vivants. Il se saisit de l'un d'eux et il le jette par terre comme une bûche. Les deux scélérats sont terrorisés, mais il n'y a homme, dans toute l'assemblée, qui ne s'en réjouisse. Celui que le lion a mis à terre ne s'en relèvera jamais, si l'autre ne vient le secourir. Ce dernier accourt pour l'aider et se défendre lui-même car c'est à lui que le lion s'en prendra dès qu'il aura tué celui qui est à terre. Il a plus peur du lion que de son maître.

Maintenant que son adversaire lui a tourné le dos et lui offre son cou nu, à découvert, monseigneur Yvain serait fou de le laisser vivre. L'occasion est trop belle. Le stupide vaurien lui livre sans défense sa tête et sa nuque : aussi, le chevalier lui donne un tel coup qu'il lui tranche la tête, si habilement que l'autre ne s'en rend pas compte. Puis, sans perdre un instant, il met pied à terre pour s'occuper de l'autre démon que maintient le lion et l'arracher des griffes de l'animal. Mais c'est inutile car le scélérat va si mal qu'il est trop tard pour appeler un médecin : le lion, empli de colère, l'a grièvement blessé. Yvain écarte l'animal et constate que le lion a arraché toute l'épaule. Le combattant gît[1], comme mort, sans mouvement.

Mais il a encore la force de parler :

« Cher seigneur, écartez votre lion, s'il vous plaît, pour qu'il ne me touche plus. Désormais vous pouvez faire de moi tout ce qu'il vous plaira. Celui qui implore et supplie

---

1. Est étendu.

qu'on lui fasse grâce, doit l'obtenir, sauf s'il a affaire à un homme sans pitié. Je ne me défendrai plus, je ne me relèverai pas d'ici. Je m'en remets à votre merci.

– Dis clairement que tu es vaincu et que tu te rends.

– Seigneur, fit-il, c'est évident : je suis vaincu, et je me rends.

– Donc tu n'as plus rien à craindre de moi et mon lion te laissera en paix. »

Aussitôt la foule se précipita autour d'Yvain. Le seigneur et sa dame se réjouirent, l'embrassèrent, puis ils lui parlèrent de leur fille :

« Désormais, vous serez le seigneur de ces lieux et notre maître à tous. Notre fille sera votre épouse car nous vous la donnons pour femme.

– Et moi, je vous la rends, dit-il. Vous l'avez, gardez-la ! Je ne me soucie pas d'elle. Ne voyez pas de dédain dans mes paroles et ne vous fâchez pas de mon refus. Je ne peux ni ne dois accepter. Mais, s'il vous plaît, délivrez les captives que vous retenez. Le moment est venu, vous le savez, de les laisser partir librement.

– Ce que vous dites est vrai, dit le seigneur. Je les libère toutes. Mais, soyez raisonnable, prenez ma fille avec tout mon bien ; elle est très belle, gracieuse et sage. Jamais vous ne ferez plus riche mariage.

– Seigneur, vous ignorez ma situation et ce qui me retient, et je n'ose vous les dévoiler. Sachez-le : j'accepterais volontiers votre fille, si je le pouvais ou si j'en avais le droit. Mais je ne peux l'épouser, ni elle ni aucune autre. N'insistez plus maintenant car la demoiselle qui m'accompagne m'attend.

Quatrième partie

Faire grâce

Être chevalier, c'est respecter un véritable code de l'honneur. Le chevalier doit défendre les faibles et les opprimés, servir la justice et le droit, mais aussi épargner la vie de son adversaire, si celui-ci lui demande grâce.

– Vous voulez partir, cher seigneur ? Jamais, à moins que je ne le commande, ma porte ne s'ouvrira pour vous laisser sortir ; au contraire, vous resterez mon prisonnier. Que d'arrogance et de dédain alors que je vous prie d'épouser ma fille !

– Du dédain, seigneur ? Non point, sur mon âme ! Mais à aucun prix je ne puis épouser une femme et m'attarder. Je dois suivre la demoiselle qui me conduit ; il ne peut en être autrement. Mais je vous jure, sur ma main droite, qu'aussi vrai que vous me voyez, je reviendrai si je peux et j'épouserai alors votre fille.

– Malheur à qui demande sur ce sujet parole, garantie ou promesse ! Si ma fille vous plaît, vous reviendrez vite. Ni parole donnée ni serment ne vous feront revenir plus vite. Allez donc, je vous dispense de toute garantie et de tout engagement. Si la pluie, le vent ou le gel vous retiennent, peu m'importe. Je ne méprise pas ma fille au point de vous la donner de force. Allez donc régler votre affaire et revenez ou restez ici, cela m'est bien égal. »

Monseigneur Yvain s'en alla aussitôt. Il emmena avec lui les captives libérées que le seigneur lui a remises, pauvres et mal habillées. Elles sortirent du château, toutes ensemble, devant lui, deux par deux. Elles n'éprouveraient pas de joie plus grande si Celui qui créa le monde descendait sur terre. Tous les gens qui avaient lancé à Yvain des insolences à son arrivée vinrent lui demander pardon et lui firent escorte. Le chevalier déclara qu'il avait tout oublié :

« Je ne sais pas de quoi vous parler. Je ne me souviens d'aucune parole outrageante que vous m'auriez dite. »

Tous furent très heureux d'être pardonné de la sorte et louaient la courtoisie de monseigneur Yvain ; après l'avoir longuement escorté, ils le recommandèrent à Dieu. Les demoiselles, à leur tour, lui demandèrent congé et s'en allèrent. En partant, toutes s'inclinèrent devant lui et souhaitèrent que Dieu lui donne joie et santé, qu'Il vienne à son secours en quelque lieu qu'il aille. Il répondit :

« Allez, dit-il, que Dieu vous ramène dans votre pays et vous donne santé et bonheur ! »

Elles partirent aussitôt et elles s'éloignèrent dans une grande joie.

Le combat contre Gauvain

MONSEIGNEUR YVAIN REPRIT LA ROUTE SUR-LE-CHAMP dans une autre direction. Tous les jours de la semaine, il voyagea en toute hâte, sous la conduite de la jeune fille qui connaissait fort bien le chemin et le refuge où elle avait laissé la cadette déshéritée, découragée et inconsolable. Quand celle-ci apprit le retour de sa messagère avec le Chevalier au lion, elle en éprouva une joie incomparable. Malade, la jeune fille était restée au lit pendant longtemps et venait de se relever[1] du mal qui l'avait cruellement touchée, comme on le voyait à sa mine. Elle fut la première à venir à leur rencontre. Elle les salua et leur fit honneur de toutes les manières possibles. Inutile d'évoquer la joie qui régna dans la demeure ce soir-là car il y aurait trop à raconter ; je n'en dirai donc rien et je reprends mon récit au moment où, le lendemain, ils se mirent en selle et s'en allèrent.

1. Guérir.

Les voyageurs cheminèrent longtemps et arrivèrent au château où le roi Arthur séjournait depuis une quinzaine de jours au moins. S'y trouvait aussi la demoiselle qui voulait déshériter sa cadette car elle avait suivi la cour. Elle n'était pas inquiète, pensant que sa sœur ne trouverait pas un seul chevalier capable de résister à l'assaut de Gauvain en combat singulier. En outre, il ne restait plus qu'un jour sur les quarante accordés en délai. Elle aurait alors la totalité de l'héritage. Elle était loin d'imaginer la suite !

Les voyageurs passèrent la nuit dans une petite maison basse, située à l'extérieur du château. S'ils avaient dormi au château, tout le monde les aurait reconnus, ce qu'ils ne souhaitaient pas. Le lendemain, ils partirent dès l'aube avec beaucoup de précautions et se cachèrent jusqu'à ce qu'il fasse grand jour.

Depuis plusieurs jours, monseigneur Gauvain avait quitté le château et personne à la cour n'avait de ses nouvelles, hormis la sœur aînée pour qui il devait combattre. Il s'était retiré à trois ou quatre lieues et lorsqu'il revint à la cour, il était équipé de façon à n'être reconnu de personne[1]. La demoiselle, qui avait à l'évidence des torts envers sa cadette, le présenta à la cour, annonçant que, grâce à lui, elle comptait triompher de la querelle qui l'opposait à sa sœur. Elle dit au roi :

« Seigneur, les heures passent. Dans peu de temps arrivera le soir et, aujourd'hui, c'est le dernier jour ; voyez comme je suis préparée pour soutenir mon droit. Si ma sœur veut revenir, elle doit se hâter. Dieu soit remercié : elle ne vient pas. Il est évident qu'elle s'est découragée. J'ai gagné

[1]. Le pacte conclu avec la sœur aînée ne doit être révélé à personne. Gauvain arrive donc incognito.

ma cause sans combat : je peux désormais m'en retourner sur mes terres et jouir en paix de mon héritage, sans avoir de compte à rendre à ma sœur qui vivra dans la misère et le malheur. »

Le roi, qui savait que l'aînée était dans son tort et qu'elle se montrait déloyale envers sa cadette, déclara :

« Mon amie, dans une cour royale, il faut attendre que la justice du roi se prononce pour agir selon le droit. Il est trop tôt pour plier bagage car, comme je le pense, votre sœur a encore le temps d'arriver. »

Le roi n'avait pas fini de parler qu'il vit le chevalier au lion et la sœur cadette à ses côtés. Tous deux venaient seuls car ils étaient partis à l'insu[2] du lion resté là où ils avaient dormi. Le roi aperçut la jeune fille et la reconnut. Il fut très heureux et charmé de la voir car, dans la querelle, il était de son côté, par souci de justice. Tout joyeux, il s'empressa de lui déclarer : « Avancez, belle amie ! Que Dieu vous garde ! »

Quand la sœur aînée entendit ces paroles, elle sursauta, se retourna, vit sa sœur et le chevalier qui l'accompagnait pour soutenir sa cause. Alors elle devint plus noire que la terre. La cadette reçut un accueil chaleureux de toute la cour et alla devant le roi :

« Dieu protège le roi et sa maison ! Mon roi, si mon bon droit et ma cause peuvent être soutenus par un chevalier, ce sera par celui-ci – grâce lui en soit rendue – qui est venu avec moi jusqu'ici. Ce chevalier, noble et généreux, aurait pourtant eu beaucoup à faire ailleurs. Mais il a éprouvé tant de pitié pour moi qu'il a laissé toutes ses affaires pour se consacrer à la mienne. Maintenant, il serait courtois et bienvenu

Quatrième partie

2. En cachette.

que ma très chère sœur respecte mes droits et fasse régner la paix entre nous car je ne lui demande rien de ce qui lui appartient.

– Moi non plus, répond l'autre, je ne veux rien te prendre car tu n'as rien et tu n'auras rien ! Tu auras beau prêcher, tu n'obtiendras rien par tes sermons. Autant te dessécher de chagrin. »

La cadette polie, sage et courtoise répondit aussitôt :

« Vraiment, je suis bien triste de voir que deux chevaliers de grande valeur vont se battre pour nous, alors que notre différend est bien mince, mais je ne peux renoncer car le préjudice[1] serait pour moi trop grand. Aussi, je vous serais très reconnaissante de me rendre ce qui m'appartient de droit.

– Te le rendre ! Ce serait tout à fait stupide. Que le feu et les flammes de l'enfer me dévorent si jamais je te donne de quoi mieux vivre ! Les rives du Danube et de la Seine se rejoindront avant que tu n'obtiennes quoi que ce soit de moi sans combat !

– Que Dieu et mon droit, en qui je me fie et me suis toujours fiée, viennent en aide à ce chevalier qui, par bonté et générosité, m'offre ses services. Pourtant il ne sait pas qui je suis et je ne sais pas qui il est. »

La discussion prit fin à cet instant. On amena les chevaliers au milieu de la cour. Tout le peuple accourut, comme il le fait toujours pour regarder les joutes[2] et les passes d'armes.

Mais les chevaliers qui allaient se battre ne se reconnaissaient pas, malgré la profonde amitié qui les unissait depuis si longtemps[3]. Leur amitié était-elle donc morte ? Je vous réponds : « oui » et « non » et je justifierai l'un et l'autre.

1. Dommage causé.
2. Combats singuliers à la lance et à cheval.
3. Yvain et Gauvain ont le visage recouvert par leur heaume ; de plus, leurs armoiries ne permettent pas de les identifier. C'est pourquoi ils ne peuvent se reconnaître.

Quatrième partie

Assurément, monseigneur Gauvain estimait Yvain et se réclamait de son amitié. Il en va de même pour Yvain, en toutes circonstances. Même en ce moment, s'il le reconnaissait, il lui ferait fête et sacrifierai sa vie pour lui ; et l'autre ferait de même, plutôt que de lui faire du tort. N'est-ce pas là de l'affection pure et parfaite ? Oui, bien sûr. Toutefois, la haine n'est-elle pas tout aussi évidente ? Oui, sans aucun doute, car tous deux voudraient briser la tête de l'autre et le malmener au point qu'il y perde sa renommée. Par ma foi, c'est un prodige de voir unis sur un même navire Amour et Haine. Comment deux sentiments si contraires peuvent-ils cohabiter dans un même corps ? Un corps a plusieurs membres comme dans une maison il y a plusieurs étages, galeries et chambres. Peut-être l'Amour s'était-il enfermé dans une chambre secrète et la Haine, dans les galeries donnant sur la rue parce qu'elle veut être vue. La Haine éperonne et se précipite sur l'Amour qui ne bouge point. Ah ! Amour, où te caches-tu ? Sors de ta cachette et tu verras quel hôte ont lancé sur toi les ennemis de tes amis.

Les ennemis en présence sont ceux-là mêmes qui s'aiment de l'amour le plus sacré, ni faux ni feint[4]. Si l'Amour est aveugle, la Haine, elle, n'y voit goutte. Sinon, Amour leur aurait défendu de se frapper et de se faire du mal. Aussi Amour est-il aveuglé et abusé[5] car il ne reconnaît pas ses sujets, alors qu'ils sont devant lui. Haine ne saurait dire pourquoi l'un déteste l'autre, mais elle veut les faire combattre sans raison.

Les deux chevaliers prennent du champ, incapables de se reconnaître. Au premier choc, ils brisent leurs grosses lances de frêne. Ni l'un ni l'autre ne parle. S'ils l'avaient fait, ils

[4]. Mensonger.
[5]. Trompé.

auraient réagi tout autrement : ils ne se seraient jamais donné de coups de lance ni d'épée, mais ils se seraient jetés dans les bras l'un de l'autre plutôt que de verser leur sang. Mais voilà qu'ils se blessent grièvement. Leurs épées ont tout à y perdre, ainsi que leurs heaumes et leurs écus qui sont bosselés et percés. Les épées s'ébrèchent[1] et s'émoussent[2], car ils frappent de grands coups du tranchant et non du plat de la lame. Avec les pommeaux[3] ils s'assènent encore des coups sur le nasal[4] et le cou, sur le front et les joues qui sont toutes bleues. Ils tranchent les hauberts et mettent en pièces les écus avec tant de fougue qu'ils sont tous deux couverts de blessures. Ils font de si grands efforts qu'ils manquent de perdre leur souffle. Ils se battent avec une telle ardeur que grenat[5] et émeraude sertis sur leurs heaumes sont broyés et écrasés. Ils sont presque assommés des coups assenés par les pommeaux sur leurs heaumes et peu s'en faut qu'ils se brisent la tête. Leurs yeux étincellent. Ils ont des poings carrés et massifs, des muscles puissants et des os solides. Ils cognent en tenant empoignées leurs épées, ce qui rend leurs coups plus redoutables.

Ils se battent longtemps. Leurs heaumes sont brisés et leurs cottes toutes démaillées, leurs écus fendus et fracassés, à force de les marteler avec leurs épées. Ils se retirent un peu en arrière pour ralentir les battements de leurs cœurs et reprendre haleine. Mais ils ne s'attardent pas et se jettent l'un sur l'autre encore plus violemment qu'avant. Tous les spectateurs disent qu'ils n'ont jamais vu deux chevaliers aussi courageux :

« Ils ne se combattent pas par jeu, ils le font pour de bon ! Jamais ils n'auront la récompense qu'ils méritent ».

Les deux amis qui s'entretuent entendent ces paroles. Ils entendent aussi qu'il est question d'une réconciliation entre

1. S'abîment car les coups donnés font des entailles.
2. Deviennent moins coupantes.
3. Poignées des épées.
4. Protection du nez sur le heaume.
5. Pierre semi-précieuse, de couleur rouge.

Yvain combat Gauvain. Miniature à la peinture extraite du manuscrit *Le Chevalier au lion*, fin du XIIIe siècle, Princeton University Library, États-Unis.

les deux sœurs. Mais l'aînée refuse tout accord. La cadette, elle, s'en remet à la décision du roi. L'aînée montre une telle obstination que même la reine Guenièvre, les experts en matière de lois, les chevaliers et le roi lui-même se rangent du côté de la cadette. Tous prient le roi d'accorder le tiers ou le quart des terres à cette dernière et de séparer les deux chevaliers d'une vaillance extraordinaire. Ce serait vraiment une trop grande perte si l'un blessait l'autre gravement et entamait sa réputation. Mais le roi déclare qu'il ne fera rien pour réconcilier les deux sœurs, puisque l'aînée, faisant preuve d'une méchanceté inouïe, s'y oppose.

Les deux chevaliers entendent ces paroles et continuent à s'accabler de coups, suscitant l'admiration générale. Le combat est tellement égal que personne ne sait qui gagne et qui perd. Les deux combattants eux-mêmes, qui se couvrent de gloire par leurs souffrances, sont étonnés et stupéfaits : chacun se demande, très étonné, qui lui résiste si férocement.

Ils se battent si longtemps que l'obscurité se fait. Tous deux ont le corps fatigué et les bras endoloris. Le sang, tout chaud et bouillant, jaillit de très nombreuses blessures et coule sous leurs haubergs. Pas étonnant qu'ils veuillent se reposer car ils souffrent beaucoup. Ils souhaitent arrêter à cause de la nuit qui se fait noire et de la crainte réciproque qu'ils éprouvent l'un pour l'autre. Ils s'écartent donc, mais, avant de quitter le champ de bataille, ils se révéleront leurs identités et en éprouveront joie et pitié tout ensemble.

Monseigneur Yvain, très vaillant et courtois, prend la parole en premier. Mais son excellent ami ne reconnaît pas sa voix car elle est rauque, faible et cassée par la fatigue.

Quatrième partie

« Seigneur, dit-il, la nuit approche. Personne ne nous blâmera si nous arrêtons de nous battre. Pour ma part, je vous assure que vous m'inspirez beaucoup de crainte et d'estime : jamais de ma vie je n'ai livré un combat qui m'ait fait autant souffrir. Jamais je n'ai vu de chevalier que je désire autant connaître. Vous savez bien placer vos coups et vous ne les gaspillez pas. Jamais je n'ai rencontré de chevalier capable d'en administrer autant. Pour moi, je me serais bien passé de recevoir tous ceux que vous m'avez donnés aujourd'hui! Ils m'ont complètement assommé.

– Par ma foi, répondit monseigneur Gauvain, je suis autant et même plus épuisé et étourdi que vous. Vous m'avez bien rendu les coups donnés, capital et intérêt : vous étiez plus généreux pour rendre que je ne l'étais pour prendre. Peut-être accepteriez-vous de me dire qui vous êtes? Et puisqu'il vous plaît de connaître mon nom, je ne vous le cacherai pas davantage : je m'appelle Gauvain, fils du roi Lot. »

À ces mots, Yvain est abasourdi[1] et bouleversé. De dépit et de colère, il jette à terre son épée toute ensanglantée et son écu réduit en pièces. Il descend de cheval et, une fois à terre, il s'écrie :

« Hélas, quel malheur! Nous avons engagé ce combat à cause d'une ignorance affreuse, nous ne nous sommes pas reconnus! Car jamais, si j'avais su votre identité, je ne me serais battu contre vous. Je me serais plutôt déclaré vaincu avant la bataille, je vous l'assure.

– Comment? fit monseigneur Gauvain, mais qui êtes-vous?

– Je suis Yvain, qui a pour vous plus d'amitié que personne au monde parce que vous m'avez toujours témoigné

---

1. Stupéfait.

de l'estime et du respect, dans toutes les cours. Mais, dans cette affaire, je veux vous donner réparation et vous rendre honneur en me déclarant vaincu.

– Vous feriez cela pour moi ? demanda monseigneur Gauvain. Je serais bien insensé d'accepter cette réparation. L'honneur de la victoire ne me revient pas, il est à vous, je vous l'abandonne.

– Ah ! cher seigneur, taisez-vous ! Il n'en est pas question. Je ne tiens plus debout tant je suis épuisé et mal en point.

– Vous perdez votre temps, répondit son ami et compagnon, je suis moi-même épuisé et anéanti. Je ne parle pas pour vous flatter car je tiendrais les mêmes propos à quiconque plutôt que de supporter de nouveaux coups. »

Tout en parlant ainsi, il descendit de cheval. Tous les deux se jetèrent dans les bras l'un de l'autre et se donnèrent l'accolade, sans cesser tous les deux de se déclarer vaincu. Leur débat cessa quand le roi et les barons arrivèrent en courant pour faire cercle autour d'eux et les voir se féliciter. Tous avaient très envie d'apprendre ce qui s'était passé et qui étaient ces ennemis qui se faisaient tant de démonstrations[1] d'amitié.

« Seigneurs, dit le roi, dites-nous d'où vient cette amitié et cette harmonie soudaines alors que, toute la journée, vous vous êtes opposés avec une haine et une mésentente extrêmes.

– Sire, répondit son neveu Gauvain, un mauvais hasard est à l'origine de ce combat. Nous allons vous dire la vérité. Moi, Gauvain, votre neveu, je n'ai pas reconnu mon compagnon, monseigneur Yvain, jusqu'à ce que – grâce lui en soit rendue – Dieu lui inspire de demander mon nom. Nous

---

[1]. Témoignages, gestes.

nous sommes alors reconnus après avoir déjà bien combattu. Si nous avions continué, j'étais en mauvaise posture car, sur ma tête, il aurait gagné. Mais je préfère être vaincu par les armes que tué par mon ami. »

Le sang de monseigneur Yvain ne fit qu'un tour :

« Seigneur, mon ami, avec l'aide de Dieu, vous avez grand tort de parler ainsi. Que le roi comprenne bien que je sors vaincu et que j'abandonne le combat.

– Non, c'est moi !

– Non, moi ! » firent-ils l'un puis l'autre.

Ils étaient si généreux et courtois que chacun attribuait à l'autre la victoire en s'efforçant de montrer au roi et à l'assemblée qu'il était vaincu et épuisé. Après les avoir écoutés un certain temps, le roi mit un terme à leur différend. Il avait grand plaisir à les entendre et à les voir se donner des accolades, alors qu'ils venaient de s'infliger de multiples blessures.

« Seigneurs, dit-il, une grande amitié vous lie, de toute évidence, car aucun de vous ne veut se déclarer vaincu. À présent, remettez-vous-en à moi. Je vais régler cette affaire d'une manière qui, je crois, vous fera honneur, et que tout le monde approuvera. »

Ils promirent alors au roi d'obéir à sa volonté en tous points.

« Où se trouve, demanda le roi, la demoiselle qui a chassé sa sœur de ses terres et l'a déshéritée de force et sans la moindre pitié ?

– Sire, répondit-elle, me voici.

– Vous voilà ! Approchez ! Je savais depuis longtemps que vous priviez votre sœur de son héritage. Son droit sera reconnu puisque vous venez de me révéler la vérité. Vous devez lui donner la part qui lui revient.

– Ah, seigneur roi ! Même si j'ai fait une réponse étourdie et stupide, ne me prenez pas au mot ! Pour Dieu, sire, ne m'accablez pas ! Vous êtes roi, gardez-vous de toute injustice et de toute méprise[1].

– C'est justement pour cette raison, dit le roi, que je veux rendre à votre sœur ce qui lui revient de droit, pour ne pas commettre d'injustice. Vous avez bien entendu que votre chevalier et le sien s'en sont remis à moi. Je ne déciderai pas selon votre désir car vous avez tort. Chaque chevalier déclare abandonner le combat pour honorer l'autre. Aussi c'est à moi de trancher : soit vous agissez selon ma volonté en tous points, soit je déclare que mon neveu est vaincu par les armes. Je dirais cela à contrecœur, mais alors ce sera pire pour vous. »

Cependant, il n'avait aucune intention d'agir ainsi. Il avait parlé en ces termes pour faire peur à la sœur aînée, afin qu'effrayée elle rende son héritage à la cadette. Il avait bien compris que ses paroles seraient vaines[2], s'il ne s'imposait par la force ou la crainte. Redoutant le roi, elle répondit :

« Sire, il faut que je vous obéisse, mais j'en ai le cœur très affligé. Je le ferai, quoi qu'il m'en coûte : ma sœur aura sa part. Vous en serez le garant[3].

– Donnez-lui sans plus tarder ce qui lui revient, dit le roi. Qu'elle devienne votre femme lige[4] ! Aimez-la comme telle et elle, qu'elle vous aime comme sa dame[5] et sa sœur. »

Voilà comment le roi régla cette affaire ; la sœur cadette prit possession de sa terre et l'en remercia. Le roi demanda alors à son neveu et à Yvain d'ôter leurs armes. Les deux chevaliers le firent et se quittèrent à égalité.

Suzerain et vassal

La société féodale du XIIe siècle est fondée sur les droits et les devoirs réciproques entre suzerains et vassaux. Le suzerain, seigneur le plus puissant d'une région, accorde des terres et sa protection à un vassal qui lui promet en échange fidélité.

---

1. Erreur.
2. Ne serviraient à rien.
3. La garantie.
4. Votre vassal.
5. Sa suzeraine.

Quatrième partie

Tandis qu'ils se débarrassaient de leurs armes, ils virent arriver en courant le lion qui était à la recherche de son maître. À la vue d'Yvain, il commença à manifester une grande joie. Les gens reculèrent, même les plus courageux s'enfuirent.

« Restez, dit monseigneur Yvain. Pourquoi fuyez-vous ? Personne ne vous poursuit. Ne craignez rien : ce lion ne vous fera pas le moindre mal. Croyez-moi, il est à moi et je suis à lui : nous sommes deux compagnons. »

Les gens comprirent alors, pour avoir entendu parler des aventures du Chevalier au lion, que c'était bel et bien Yvain qui avait tué le géant cruel. Monseigneur Gauvain lui dit : « Seigneur, mon ami, que Dieu m'assiste, vous m'avez couvert de honte aujourd'hui ! Je vous ai bien mal remercié du service que vous m'avez rendu en tuant le géant pour défendre mes neveux et ma nièce. J'ai souvent pensé que c'était vous. Mais je ne pouvais pas en être sûr car dans aucun pays où je suis allé je n'ai entendu parler d'un chevalier nommé le "Chevalier au lion". »

Le lion s'empressa de rejoindre son maître et quand il fut devant lui, il manifesta une grande joie, autant que peut le faire une bête qui ne sait parler. Il fallut emmener les deux chevaliers dans un lieu calme, car ils avaient besoin d'un médecin et de remèdes pour soigner leurs blessures. Le roi Arthur, qui avait pour eux une profonde affection, convoqua un chirurgien qui savait, mieux que quiconque, guérir les blessures. Ce dernier se donna tant de peine qu'il les guérit tous deux, au mieux et au plus vite.

Le retour à la fontaine

QUAND ILS FURENT TOUS DEUX RÉTABLIS, monseigneur Yvain, qui avait voué[1] son cœur à l'amour, comprit qu'il ne pourrait continuer à vivre si sa dame ne lui pardonnait pas, car il se mourait pour elle. Alors il décida de quitter la cour et d'aller combattre à la fontaine : il y déchaînerait la foudre, le vent et la pluie avec une telle violence que sa dame serait contrainte de faire la paix avec lui. Dès qu'il se sentit rétabli, il partit à l'insu de tous[2], sauf de son lion qui jamais ne voulut le quitter.

Ils voyagèrent jusqu'à la fontaine et ils déclenchèrent la pluie. Croyez-moi, je ne vous mens pas : la tempête fut si violente que personne ne pourrait en conter le dixième. Toute la forêt semblait s'effondrer dans les profondeurs de l'enfer. La dame craignit que son château ne s'écroule d'un seul coup. Les murs bougeaient, la tour tremblait au point de paraître s'effondrer. L'homme le plus courageux aurait préféré être prisonnier, en Perse au milieu des Turcs[3], plutôt que de se trouver entre ces murs. Les habitants éprouvaient une telle peur qu'ils maudissaient leurs ancêtres en disant :

« Maudit soit ceux qui, les premiers, ont construit une maison dans ce pays et ceux qui ont bâti ce château ! Aucun lieu au monde n'est plus détestable car un homme peut à lui seul nous attaquer, nous tourmenter, nous torturer. »

« Dame, dit Lunete, il faut chercher une solution car personne ne vous portera secours, à moins de chercher bien loin ! Jamais nous ne trouverons la paix dans ce château,

---

1. Donné.
2. Sans que personne ne le sache.
3. Au XIᵉ siècle, les Turcs ont conquis la Perse, située entre le Tigre et l'Euphrate. Ils sont considérés comme des guerriers très cruels.

jamais nous n'oserons franchir les murs d'enceinte ou la porte. Si vous rassembliez tous vos chevaliers pour faire face à ce danger, même le plus vaillant ne se proposerait pas, vous le savez fort bien. Vous voici donc sans personne pour défendre votre fontaine, et vous paraîtrez indigne et méprisable. Quelle gloire pour vous, en vérité, quand celui qui vous attaque s'en va sans livrer bataille ! Vous êtes dans une fâcheuse posture, si vous ne trouvez pas de solution.

– Toi qui es si sage, répondit la dame, dis-moi ce que je dois faire et j'agirai suivant ton conseil.

– Dame, si je le pouvais, je vous conseillerais volontiers. Mais vous auriez bien besoin d'un avis plus perspicace[4]. C'est pourquoi je n'ose me mêler de cette affaire. Avec les autres, je supporterai la pluie et le vent en attendant de voir arriver, si Dieu le veut, un valeureux chevalier qui prendra sur lui la charge de ce combat. Mais je ne crois pas que ce soit pour aujourd'hui et c'est tant pis pour vous ! »

La dame lui répondit aussitôt en ces termes :

« Demoiselle, ne me parlez pas ainsi ! Pour défendre la fontaine et son perron, je n'attends rien des gens de ma maison. Mais, s'il plaît à Dieu, voyons ce que valent vos conseils et votre sagesse car c'est dans le malheur, dit-on, que l'on reconnaît ses vrais amis.

– Dame, il serait bon d'aller chercher celui qui a tué le géant et vaincu les trois chevaliers. Mais tant qu'il subira la colère et le ressentiment de sa dame, il ne prendra la défense de personne, sauf si on lui jure de tout faire pour mettre un terme à sa disgrâce car il se meurt de douleur et de chagrin. »

La dame déclara alors à Lunete :

Quatrième partie

4. Lucide et intelligent.

« Je suis prête à donner ma parole et à jurer : s'il vient à moi, je m'emploierai, sans tromperie ni ruse, à lui obtenir le pardon qu'il souhaite, si du moins je le peux. »

Alors Lunete lui dit :

« Dame, ne doutez pas un instant de pouvoir le réconcilier avec sa dame, si vous le souhaitez. Mais, pour autant, ne vous fâchez pas si je vous demande de prêter serment avant de me mettre en route.

– Volontiers », répondit la dame.

Lunete, fort courtoisement, fit apporter un précieux reliquaire devant lequel la dame s'agenouilla. La demoiselle la prenait au jeu de la vérité, avec beaucoup de courtoisie ! Au moment de faire prêter serment à sa dame, la fine mouche[1] ne négligea rien de ce qui lui semblait utile :

« Dame, dit-elle, levez la main ! Je ne veux pas que dans quelques jours vous m'accusiez de quoi que ce soit. Vous agissez pour vous, et non pour moi : s'il vous plaît, jurez d'employer toutes vos forces pour que le Chevalier au lion retrouve l'amour de sa dame, aussi parfait qu'autrefois. »

La dame leva la main et dit : « Je prononce le serment exactement comme tu l'as énoncé : avec l'aide de Dieu et de ses saints, j'emploierai toutes mes forces pour faire rendre au Chevalier au lion l'amour et les bonnes grâces de sa dame. »

Lunete avait bien mené l'affaire ! Elle avait obtenu ce qu'elle désirait. Déjà l'attendait un palefroi au trot léger. Ravie et rayonnante, elle se mit en selle.

Sous le pin, elle trouva celui qu'elle ne croyait pas rencontrer si près : elle imaginait devoir le chercher longtemps

Reliquaire

Un reliquaire est un petit coffre contenant les reliques d'un saint (des morceaux d'os ou de vêtement). Au Moyen Âge, un serment prêté devant un reliquaire est sacré ; celui qui le rompt encourt la punition de Dieu.

1. Personne rusée.

Quatrième partie

avant d'arriver jusqu'à lui. Elle le reconnut à son lion aussitôt qu'elle le vit. Elle se dirigea vers lui à vive allure, puis descendit de cheval. Monseigneur Yvain la reconnut également d'aussi loin qu'il l'aperçut, la salua et elle lui rendit la pareille :

« Seigneur, je suis très contente de vous avoir trouvé si près. »

Monseigneur Yvain lui répondit :

« Comment ? Vous me cherchiez donc ?

– Oui, seigneur, et de ma vie, je n'ai jamais été aussi heureuse car j'ai obtenu de ma dame que, sous peine de parjure[2], elle redevienne votre dame comme autrefois, et vous, son époux. C'est la pure vérité. »

Monseigneur Yvain fut au comble de la joie en apprenant cette nouvelle qu'il croyait ne jamais devoir entendre. Il ne se lassait pas d'exprimer sa reconnaissance à celle qui lui avait procuré ce bonheur. Il l'embrassa sur les yeux et le visage, tout en disant :

« Certes, ma chère amie, aucune récompense ne suffira jamais pour ce bienfait, et je crains de ne trouver ni le moyen ni l'occasion de vous honorer et de vous servir comme je le devrais.

– Seigneur, répondit-elle, ne vous en inquiétez pas ! Vous aurez tout le loisir de m'accorder vos bienfaits. Je n'ai fait que mon devoir : vous ne me devez pas plus de reconnaissance qu'à un emprunteur qui s'acquitte de sa dette. D'ailleurs, je ne crois pas vous avoir rendu tout ce que je vous devais.

– Si, vous l'avez fait, que Dieu m'en soit témoin, et au centuple ! Nous partirons quand vous voudrez. Mais avez-vous révélé à votre dame qui je suis ?

2. Fait de ne pas respecter un serment.

– Non, par ma foi, elle ignore votre nom, sinon celui de Chevalier au lion. »

En conversant ainsi, ils partirent, suivis du lion, et arrivèrent tous les trois au château. Parvenus dans l'enceinte, ils ne dirent rien à personne avant de se présenter devant la dame de Landuc qui s'était réjouie en apprenant l'arrivée de la demoiselle accompagnée du lion et du chevalier. Monseigneur Yvain, entièrement revêtu de son armure, se laissa tomber à ses pieds. Lunete, qui était à ses côtés, dit :

« Madame, relevez-le et employez toutes vos forces et votre habilité à lui obtenir la réconciliation et le pardon, car vous êtes la seule au monde à pouvoir le faire. »

Alors la dame le fit se relever et déclara :

« Je ferai tout ce qui est en mon pouvoir. Je serai contente de réaliser, autant que je le peux, votre volonté et vos désirs.

– Certes, madame, je ne le dirais point si ce n'était pas vrai, dit Lunete. Vous seule en avez le pouvoir, et plus encore que je ne vous l'ai dit. Mais le moment est venu de vous révéler la vérité : jamais vous n'avez eu et jamais vous n'aurez un meilleur ami que celui-ci. Dieu veut qu'une parfaite harmonie et un parfait amour règnent entre vous et ne cessent jamais ! C'est Lui qui me l'a fait rencontrer tout près d'ici. Madame, pardonnez-lui, oubliez votre colère car il n'a pas d'autre dame que vous. Ce chevalier, c'est monseigneur Yvain, votre époux. »

À ces mots, la dame de Landuc tressaillit :

« Que Dieu me sauve ! Tu m'as bien prise au piège de tes paroles : tu prétends me faire aimer malgré moi un homme qui ne m'aime point ni ne m'estime ! Quel beau travail ! Le

Quatrième partie

beau service que tu me rends là! Mieux vaudrait pour moi endurer la pluie et le vent toute ma vie! Si se parjurer[1] n'était point honteux et indigne, jamais il ne trouverait auprès de moi pardon et réconciliation, et toujours couverait dans mon cœur, comme un feu sous la cendre, ce dont je ne veux ni parler ni me souvenir, puisque je dois me réconcilier avec lui. »

En entendant ces paroles, monseigneur Yvain comprit que ses affaires s'arrangeaient et qu'il obtiendrait pardon et réconciliation.

« Madame, dit-il, à tout pécheur miséricorde[2]. J'ai payé cher ma sottise, et ce n'était que justice. C'était folie de m'attarder loin de vous et je me reconnais coupable. Je suis bien hardi de venir me présenter devant vous mais si maintenant vous acceptez de me garder à vos côtés, jamais je ne me rendrai coupable de la moindre faute à votre égard.

– Certes, répond-elle, je le veux bien car je serais parjure si je ne faisais pas tous les efforts possibles pour me réconcilier avec vous. Puisque vous le voulez, je vous accorde mon pardon.

– Madame, dit-il, mille fois merci! Par le Saint-Esprit, Dieu ne pouvait me rendre plus heureux ici-bas! »

Voici monseigneur Yvain réconcilié avec sa dame. Croyez-moi, jamais il n'éprouva tant de bonheur, après un désespoir aussi profond. Tout se finit bien pour lui : il était aimé et chéri de sa dame et elle, de lui. Il avait oublié tous ses tourments car la joie que lui donnait sa très chère amie les effaçait. Quant à Lunete, elle est aussi pleinement heureuse : elle est au comble de ses vœux car elle a réconcilié pour toujours monseigneur Yvain, l'amant parfait avec sa chère amie, la parfaite amante.

[1]. Ne pas respecter un serment, une promesse.
[2]. Toute personne qui a commis une faute a droit au pardon.

Yvain, le Chevalier au lion

> C'est ici que Chrétien de Troyes achève son roman, *Yvain, le Chevalier au lion*. Il a rapporté tout ce qu'il en savait et vous n'en entendrez pas davantage. En dire plus ne serait que mensonge !

À gauche : Lunete conduit Yvain vers sa dame ; à droite : Yvain aux pieds de sa dame.
Miniature à la peinture (détail) extraite du manuscrit *Yvain, le Chevalier au lion*, vers 1320-1330. BnF, Paris.

Pause lecture 4

Quatrième partie
Yvain ou le parfait chevalier

Au château de Pire Aventure p. 134 à 147

Avez-vous bien lu ?

Les voisins du château de Pire Aventure injurient Yvain, car :
- ❏ ils veulent lui faire rebrousser chemin.
- ❏ ils sont insolents.
- ❏ ils haïssent le Chevalier au lion.

Des captives bien malheureuses (l. 1 à 142)

1. Qui doit envoyer trente jeunes filles chaque année au château de Pire Aventure ? Que deviennent-elles ?
2. Dans quel mythe antique est-il également question d'êtres humains donnés chaque année en tribut à un monstre ?

L'accueil au château (l. 143 à 230)

3. Pourquoi Yvain ne peut-il quitter le château où il a passé la nuit ? Que lui promet le seigneur du château en cas de victoire ? Comment expliquez-vous la réaction d'Yvain ?

Le combat contre les démons (l. 231 à 391)

4. Le combat avec les démons se fait-il à armes égales ? Montrez qu'Yvain est en difficulté. Qui le sauve ?
5. De quelles qualités le chevalier fait-il preuve en accordant la vie sauve à l'un des démons et en demandant la libération des trois cents captives ?

Pause lecture 4 — Quatrième partie

Le combat contre Gauvain p. 147 à 159

Avez-vous bien lu ?

La sœur cadette arrive avec Yvain à la cour du roi Arthur le dernier jour du délai. Ce délai était de :

❏ une semaine.
❏ 20 jours.
❏ 40 jours.

Avant le combat (l. 1 à 127)

1. Que tente une dernière fois de faire la cadette (l. 39 à 47) ? De quoi est persuadé le roi Arthur ? Impose-t-il pour autant son opinion ? Que se passe-t-il alors ?
2. Des lignes 98 à 127, le narrateur interrompt longuement le récit. À quelle question essaie-t-il de répondre ? Relevez plusieurs expressions qui montrent qu'il nuance ses réponses.

Le combat chevaleresque (l. 128 à 271)

3. Dans le récit du combat, quel est le sujet de tous les verbes ? Que révèle cet emploi sur la force des deux adversaires ?
4. Quel événement change le cours du combat ? Montrez que l'affrontement se finit par une bataille de courtoisie. Sur quoi ni Gauvain ni Yvain ne veulent-ils pas céder ?

La justice royale (l. 272 à 337)

5. Comment le roi Arthur fait-il avouer à la sœur aînée qu'elle veut déshériter sa cadette ? Montrez que, pour imposer son jugement, il tend un piège à la méchante sœur. Quelle décision prend-il ?

Pause lecture 4

Le retour à la fontaine p. 160 à 166

Avez-vous bien lu ?

Yvain retourne à la fontaine merveilleuse pour :
- ❏ y mourir de chagrin avec son lion.
- ❏ y rencontrer Lunete et lui demander conseil.
- ❏ déclencher une tempête et obliger sa dame à lui pardonner.

Lunete conseille sa dame (l. 1 à 80)

1 Comment les gens du château et la dame de Landuc réagissent-ils quand la tempête éclate ? Quelle solution suggère alors Lunete ? À quel autre moment du roman a-t-elle donné le même conseil ?

2 À quoi la dame de Landuc s'engage-t-elle ? Le fait-elle en toute connaissance de cause ? Sur quoi Lunete la fait-elle jurer et pourquoi ?

Yvain obtient le pardon de sa dame (l. 81 à 178)

3 Que reproche la dame de Landuc à Yvain ? D'après vous, est-ce uniquement par crainte de se parjurer qu'elle ne le repousse pas ? Qu'est-ce qui la convainc ?

4 Comment Yvain plaide-t-il sa cause ? Quel sens prennent alors les combats menés par le Chevalier au lion ? Qu'a compris Yvain grâce à toutes ses aventures ? Qu'est-il arrivé à concilier ?

Pause lecture 4 — Quatrième partie

Vers l'expression

Vocabulaire

1. Dans la description des trois cents jeunes filles (p. 135-136), classez en deux colonnes les termes entrant dans le champ lexical de la misère : vous distinguerez la misère physique de la misère morale.

2. Trouvez l'intrus dans chacune des listes suivantes.
   a. Défier – braver – jouer – provoquer.
   b. Amour – loyauté – allégeance – dévouement.
   c. Trahison – méfait – vol – félonie.
   d. Engagement – promesse – sermon – serment.

3. Comment s'appelle la figure de style utilisée dans la tournure suivante : « monseigneur Yvain, l'amant parfait avec sa chère amie, la parfaite amante » (p. 165, l. 173-174) ? Justifiez son emploi au moment où le couple se reconstitue.

À vous de jouer

✒ Rédigez une narration.

La fin d'*Yvain, le Chevalier au lion* est marquée par une querelle entre deux sœurs. Vous avez un frère, une sœur ou un(e) camarade avec qui vous vous disputez parfois. Racontez une de vos querelles en expliquant son origine ; vous direz quels traits de vos deux caractères elle manifeste et vous conclurez en énonçant une leçon à tirer pour améliorer vos relations.

Pause lecture 4

Du texte à l'image

Observez le document → voir dossier images p. IV

Miniature à la peinture extraite du manuscrit *Yvain, le Chevalier au lion*, vers 1320-1330, BnF, Paris.

1. Dans la vignette en haut à droite, qui sont les demoiselles que découvre Yvain ? Comment l'illustrateur suggère-t-il leur grand nombre ?

2. Contre qui Yvain se bat-il dans la vignette en bas à gauche ? Sur cette vignette, le lion apparaît deux fois : à quels épisodes du texte cela renvoie-t-il ?

3. Dans la vignette en bas à droite, combien de scènes sont représentées ? Identifiez l'adversaire d'Yvain et donnez un titre à chaque scène. Qui assiste aux événements ?

4. Quel est l'effet produit par la juxtaposition des deux scènes dans la même vignette ?

Yvain, le Chevalier au lion

Questions sur…

Yvain, le Chevalier au lion

1. La quête d'Yvain

1 Yvain tente l'aventure de la fontaine merveilleuse pour :
   a. prouver sa valeur personnelle ? **b.** s'amuser avec ses amis ? **c.** changer de vie ?

2 En suivant Gauvain et oubliant la promesse faite à sa femme, que choisit Yvain ? Après être revenu de la folie dans laquelle il avait sombré, que comprend-il ? Quel est alors son unique but ?

3 Yvain recherche-t-il toutes les aventures qu'il accomplit au cours du récit ? Citez une aventure qu'il n'a pas recherchée et une autre qu'il s'est imposé volontairement.

4 De quoi le lion est-il le symbole ? Après son exploit contre le géant, Yvain décide de se faire appeler le « Chevalier au lion ». Pourquoi avoir choisi de cacher son identité ?

5 Citez les cinq exploits réalisés par Yvain avant de retrouver sa dame. Qui l'aide le plus souvent ? Quel est le seul combat dont il ne sort ni vaincu ni vainqueur ?

2. L'amour courtois

6 Remettez dans l'ordre les événements suivants :
   a. Yvain et Laudine se marient.
   b. Yvain revient à la fontaine pour obliger Laudine à lui pardonner.
   c. Yvain et Laudine se réconcilient.
   d. Yvain ne respecte pas son engagement ; Laudine le rejette.
   e. Yvain quitte Laudine mais promet de revenir dans un an au plus tard.

7 Comment l'amour pour sa dame fait-il évoluer Yvain ?

3. Le merveilleux

8. Dans quel endroit merveilleux Yvain revient-il plusieurs fois ? En quoi est-il merveilleux ?
9. Quels objets magiques apparaissent dans le roman ? Pour chacun de ces objets, dites à quoi ils servent.
10. Quels personnages monstrueux découvre-t-on dans le roman ?

Après la lecture

Genre
L'invention du roman

Thème
L'amour courtois

Genre

L'invention du roman

Avec *Yvain*, Chrétien de Troyes a contribué à la création d'un nouveau genre littéraire, le roman, qui se situe au croisement de deux autres genres : le récit d'aventures chevaleresques, venu de la chanson de geste, et le chant d'amour, issu de la poésie des troubadours.

◆ Un roman sur la quête de soi

Chrétien de Troyes pose d'emblée la trame symbolique de son roman : comme le dit Calogrenant lui-même, le chevalier *cherche ce qu'il ne peut trouver*. Toutefois, poussé par la simple curiosité, il échoue dans son aventure. L'auteur recentre alors le récit sur son héros : Yvain, chevalier désireux d'éprouver sa vaillance. **Parti à la conquête de lui-même, il découvre l'amour** et, aidé par une demoiselle dévouée et rusée, Lunete, il conquiert la main – et le cœur – de la dame de Landuc. Mais l'histoire ne s'arrête pas là pour autant...

Après son mariage, Yvain révèle rapidement son immaturité : il cède à l'appel de son ami Gauvain et part, en quête de gloire, faire les tournois ; il en oublie l'amour et dépasse le terme du délai accordé par son épouse. Le rejet de celle-ci est alors immédiat et sans appel. Yvain en perd la raison et retourne à l'état de nature dans la forêt. **Cet épisode de folie est nécessaire à sa métamorphose** : le chevalier doit se dépouiller de son passé pour évoluer, car c'est son orgueil qui lui a fait oublier sa promesse et l'être aimé. Revenu à la raison grâce au baume magique, Yvain se met dorénavant au service du bien ; sa rencontre avec le lion incarne ce changement. Par souci de

> « *Yvain met ses exploits physiques au service du bien.* »

reconnaissance pour la dame de Noroison qui le soigne, il la délivre du comte Alier qui dévaste ses terres. Par souci de justice, il sauve une famille du déshonneur en tuant le géant Harpin de la Montagne, il fait libérer trois cents jeunes filles de l'esclavage et défend les droits à l'héritage d'une jeune femme que sa sœur aînée voulait dépouiller. Yvain met ainsi ses exploits physiques au service de préoccupations morales : **il défend les faibles, les opprimés**. Avec Lunete, il noue une relation de réciprocité : Yvain s'est montré courtois avec elle, elle le cache grâce à l'anneau d'invisibilité ; il l'a sauvée du bûcher, elle le réconcilie avec sa dame.

Yvain s'est imposé des épreuves pour **se rendre digne d'être à nouveau aimé** par sa dame : pour cela, il lui a fallu se trouver lui-même et accepter l'amour comme un don total de soi.

◆ Un roman sur l'amour

Yvain connaît toutes les étapes d'une **relation amoureuse passionnée**. Après le coup de foudre, le chevalier se soumet à la dame de Landuc comme un vassal. Le mariage a lieu et la séparation qui suit est présentée, dans un premier temps, comme un arrachement pour les deux amants. Mais, en oubliant le délai imposé par sa dame, Yvain lui inflige une blessure qui l'atteint au plus profond d'elle-même : elle s'estime trahie.

« *Yvain se découvre double : chevalier et amoureux.* »

De son côté, Yvain souffre car il se découvre double : chevalier et amoureux. Réalisant sa faute, Yvain connaît l'horreur de soi et même la tentation du suicide. Avant de se reconstruire, il passe par la folie. Alors que la prouesse le met en relation de rivalité avec d'autres chevaliers, **l'épreuve renvoie Yvain à lui-même**. Il doit reconquérir sa dame en méritant son respect car elle le méprise pour l'avoir négligée. À la fin de ses aventures, Yvain a compris que, **pour durer, l'amour doit s'allier à l'honneur et au respect de la parole donnée**.

Le roman se finit sur le bonheur du couple car l'amour heureux n'a pas d'histoire... ■

Thème

L'amour courtois

◆ Qu'est-ce que l'amour courtois ?

Dès la fin du XIe siècle et tout au long du XIIe siècle, la société féodale évolue. À l'idéal chevaleresque s'ajoute une nouvelle valeur : la courtoisie, qui place l'amour au centre de la vie du chevalier.

Le mot *courtois* signifie à l'origine « qui vient de la cour ». La courtoisie désigne **le comportement qu'un chevalier doit avoir** pour être digne de vivre à la cour, en présence des dames. Être courtois signifie faire preuve de plusieurs qualités : générosité, raffinement des manières, noblesse des sentiments, respect des dames.

> « *L'amour courtois représente l'idéal de l'amour.* »

Dans la littérature du Moyen Âge, l'amour courtois représente donc l'idéal de l'amour : **la dame exerce sa suzeraineté sur l'homme** qui s'engage à lui être fidèle et soumis, et à la servir en toutes circonstances.

La cour imaginaire du roi Arthur dans les romans de Chrétien de Troyes est le modèle des cours réelles, comme par exemple celle d'Aliénor d'Aquitaine : elle réunit de preux et vaillants chevaliers, fidèles à leur roi, mais aussi polis, galants et soumis à la dame de leurs pensées.

◆ La dame

L'origine latine du mot (*domina*, qui signifie « maîtresse ») indique clairement le caractère dominateur de la dame dont la beauté et les mérites exceptionnels tiennent le chevalier sous son charme.

Au Moyen Âge, amour et mariage ne vont pas de pair chez les seigneurs qui épousent souvent de nobles dames par intérêt économique (pour agrandir leur seigneurie, par exemple) ou politique. Le mariage est le plus souvent arrangé par les parents des futurs époux, sans tenir compte de leurs sentiments. À l'inverse, **l'amour courtois est sincère et vrai** ; il est souvent éprouvé par un chevalier pour une dame de condition supérieure, souvent mariée. L'amant doit donc être humble et soumis car **celle qu'il aime est inaccessible**.

◆ L'amant courtois

L'amant courtois gagne le cœur de son « amie » en lui témoignant un amour plein de délicatesse et de retenue, **la *fin'amor* ou « amour parfait »**. Le parfait amant est conforme à l'idéal du chevalier : il est fort, loyal à son suzerain, courageux et généreux. Toutefois, cet idéal est mis entièrement au service de sa dame à qui il doit fidélité absolue et obéissance en toutes circonstances : elle est sa suzeraine. C'est le **« service d'amour »**.

Pour mériter l'amour de sa dame, **l'amant courtois doit affronter des épreuves** souvent fixées par sa maîtresse : séparation, combats. Les souffrances éprouvées le grandissent et lui permettent de se montrer digne de l'amour qu'il inspire à sa dame. Il doit être prêt à mourir pour elle. Parfois la *fin'amor* conduit le chevalier à **un conflit intérieur entre son honneur et son amour**. Renoncer au premier pour faire triompher le second représente le sacrifice le plus important qu'un chevalier puisse faire, par courtoisie.

◆ *Yvain* ou une variante de l'amour courtois

Yvain incarne l'amant courtois que les épreuves font grandir. **De parfait chevalier il devient parfait amant**, comme l'indiquent les derniers mots du roman. Une fois revenu de sa folie, il voue à sa dame une véritable adoration dans laquelle il va puiser la force de réaliser ses exploits… qui lui permettront d'être à nouveau digne d'être aimé.

Ainsi, l'amour d'Yvain pour la dame de Landuc diffère quelque peu de l'idéal de

> « *L'amant courtois doit fidélité et obéissance à sa dame.* »

l'amour courtois. D'une part, Yvain s'est imposé à lui-même le « service d'amour » pour reconquérir le cœur de Laudine. D'autre part, Yvain aime… sa femme ; or **la *fin'amor* est le plus souvent adultère et secrète**.

Chrétien de Troyes compose deux de ses romans, *Yvain, le Chevalier au lion* et *Lancelot, le Chevalier à la charrette*, au même moment. Les héros sont tous deux chevaliers de la cour du roi Arthur.

> « *L'amour d'Yvain pour sa dame diffère de l'idéal de l'amour courtois.* »

L'un, Yvain, part à la conquête de lui-même et trouve l'amour partagé dans le mariage ; l'autre, Lancelot, vit une liaison passionnée mais impossible avec la reine Guenièvre. Avec *Yvain* et *Lancelot*, Chrétien de Troyes propose **deux interprétations possibles de l'amour courtois**. L'amour de Lancelot entraîne l'humiliation du chevalier et le mène à une impasse, tandis que celui d'Yvain présente **la prouesse du chevalier comme subordonnée à l'amour** qu'il éprouve pour sa dame. ■

Autre lecture

Chrétien de Troyes

D'Amour qui m'a ravi à moi-même

D'Amors, qui m'a tolu a moi

XIIe siècle

Traduction de Jean Dufournet
Texte intégral

Découvrez la souffrance de l'amant courtois...

Quelques vers du poème en ancien français

D'Amors, qui m'a tolu a moi
N'a soi ne me viaut retenir
Me plaing einsi qu'adés otroi
Que de moi face son pleisir;
Et si ne me repuis tenir
Que ne m'an plaingne, et di por quoi :
Car çaus qui la träissent voi
Sovant a lor joie venir,
Et j'i fail par ma bone foi.

S'Amors por essaucier sa loi
Viaut ses anemis convertir,
De sans li vient, si con je croi,
Qu'as suens ne puet ele faillir
Et je, qui ne me puis partir
De celi, vers cui me soploi,
Mon cuer, qui suens est, li anvoi;
Mes de neant la cuit servir
Se ce li rant que je li doi.

D'Amour qui m'a ravi[1] à moi-même
sans vouloir me garder pour lui,
je me plains tout en lui accordant
de faire de moi son plaisir[2].
Pourtant, je ne puis m'empêcher
de m'en plaindre, et voici pourquoi :
ceux qui le trahissent, je les vois
souvent atteindre le bonheur,
et moi j'y échoue par ma bonne foi[3].

1. Enlevé.
2. De faire de moi ce qui lui plaira.
3. En étant fidèle.

Si Amour, pour glorifier sa loi[4],
veut convertir[5] ses ennemis,
il a raison, à ce que je crois,
car il ne peut faillir[6] aux siens ;
et moi qui ne peux me séparer
de celle devant qui je m'incline,
je lui envoie mon cœur qui lui appartient ;
mais je crois la servir bien peu
en lui rendant[7] ce que je lui dois.

Dame, de ce que je suis votre vassal,
dites-moi si vous m'en savez gré[8].
Non, pour autant que je vous aie bien connue[9],
mais il vous déplaît de m'avoir à votre service.
Du moment que vous ne m'acceptez pas,
je vous appartiens dès lors malgré vous ;
mais si jamais de quelqu'un vous devez
avoir pitié, souffrez[10] ma présence,
car je ne puis servir une autre personne.

Jamais je n'ai bu du philtre[11]
dont Tristan fut empoisonné,
mais je suis rempli d'un plus grand amour
par un cœur loyal et une ardente[12] volonté.
Je dois consentir à cet amour de mon plein gré
car je n'ai subi aucune contrainte :
je n'ai fait que suivre mes yeux
qui m'ont engagé dans une voie
dont jamais je ne sortirai ni ne suis jamais sorti.

4. Montrer sa puissance.
5. Faire changer.
6. Trahir.
7. En lui donnant.
8. Si vous m'en êtes reconnaissante.
9. Pour autant que je sache.
10. Supportez.
11. Boisson magique qui, dans le roman de *Tristan et Iseut*, unit à jamais, par une passion dévorante, ceux qui en boivent.
12. Brûlante.

Cœur, si ma dame ne t'aime pas,
pour autant ne t'en sépare jamais :
demeure toujours en son pouvoir
40 puisque tu l'as commencé et entrepris.
Jamais, si tu m'en crois, tu n'aimeras davantage.
Mais que les difficultés ne te découragent pas !
Le bien s'apprivoise avec le temps,
et plus tu l'auras désiré,
plus tu auras de plaisir à le goûter.

J'aurais obtenu sa pitié, je pense,
si elle avait été à la mesure
du monde quand je l'invoque ;
mais je crois qu'elle y est étrangère.
50 Jamais je ne cesse, jamais je ne laisse[1]
de prier ma douce Dame
que je prie et supplie sans succès
en homme qui ne sait plaisanter
quand il faut servir et louer Amour.

Poème de Chrétien de Troyes extrait de
l'*Anthologie de la poésie lyrique française des XIIe et XIIIe siècles*,
édition bilingue de Jean Dufournet,
Poésie/Gallimard, © éditions Gallimard, 1989.

[1]. Je ne m'arrête.

Scène d'amour courtois : un chevalier reçoit son heaume des mains de sa bien-aimée. Miniature à la peinture, début du XIVe s.

À lire / à voir

À lire

D'autres romans de Chrétien de Troyes

- ***Lancelot, le Chevalier à la charrette***
Par amour pour la reine Guenièvre, Lancelot affronte de nombreuses épreuves. Jusqu'où sera-t-il prêt à aller pour sa dame ?

- ***Perceval, le conte du Graal***
Gauvain et Perceval se lancent à la quête du Graal, cette coupe qui, selon la légende, aurait contenu le sang du Christ...

Mais aussi... d'autres récits du Moyen Âge

- ***Tristan et Iseut,*** traduction et adaptation de Bédier, éd. Nathan, coll. Carrés classiques, 2011.
Tristan part en Irlande chercher la belle Iseut, que son oncle le roi Marc doit épouser. Mais sur le chemin du retour, Tristan et Iseut boivent par erreur un philtre d'amour...

- ***Le Roman de Renart***
La cour du roi Noble n'est pas au bout de ses peines ! Renart le Goupil ne cesse de faire de mauvais tours... Qui arrêtera Renart ? Ysengrin le Loup ? Brun l'Ours ?

À lire / à voir

À voir

L'univers des légendes arthuriennes

- ***Excalibur,* John Boorman,** 1981
La légende filmée du roi Arthur et de sa fameuse épée, Excalibur.

- ***Perceval le Gallois,* Éric Rohmer,** 1978
Ou comment Perceval est devenu chevalier de la Table Ronde. Des dialogues très fidèles au texte de Chrétien de Troyes.

- ***Lancelot, le premier chevalier,* Jerry Zucker,** 1995
Lancelot tombe amoureux de Guenièvre, ne sachant pas qu'elle est destinée à épouser Arthur. Quant il l'apprend, il tente de s'éloigner d'elle. Mais le chevalier Méléagant enlève la reine ; Lancelot part alors la délivrer...

La parodie de cet univers

- ***Monty Python : Sacré Graal !,* Terry Gilliam et Terry Jones,** 1975
Un film comique et parodique où l'on voit le roi Arthur tenter de recruter des chevaliers de la Table Ronde. En prime, des sketchs autour de la quête du Graal.

- ***Kaamelot,* Alexandre Astier,** série télévisée, depuis 2006
La légende arthurienne transposée dans un univers d'heroic fantasy où l'humour est partout : les chevaliers de la Table Ronde pensent que le Graal est un bocal à anchois !

Lexique

Amour courtois : relation amoureuse où le chevalier s'engage à être soumis à sa dame et à la servir en toutes circonstances. Voir p. 178.

Champion : chevalier qui combat pour défendre une cause.

Clerc : homme d'église instruit.

Copiste : moine chargé de recopier les manuscrits, à une époque où l'imprimerie n'existait pas.

Courtoisie : manière de vivre et de penser qui respecte les usages de la cour (raffinement, générosité, respect des dames).

Dame : femme noble qui est l'épouse d'un seigneur ou possède elle-même des terres.

Demoiselle : jeune fille ou jeune femme de naissance noble. Mariée ou non, la demoiselle fait souvent partie de la suite d'une dame.

Destrier : cheval de combat.

Écu : bouclier du chevalier. Voir l'équipement du chevalier, p. 11.

Écuyer : jeune homme noble qui sert un chevalier : il s'occupe de ses armes et de son cheval.

Manuscrit : ouvrage écrit à la main.

Lexique

Miniature à la peinture (ou enluminure) : décoration ou image peinte à la main sur la page d'un manuscrit.

Félon : traître, vassal qui rompt le serment de fidélité fait à son suzerain. L'adjectif signifie par extension « cruel, impitoyable ».

Fief : domaine accordé par un suzerain à son vassal.

Haubert : cotte de mailles qui protège le chevalier. Voir l'équipement du chevalier, p. 11.

Heaume : casque du chevalier. Voir l'équipement du chevalier, p. 11.

Palefroi : cheval de voyage et de parade.

Sénéchal : chevalier chargé de l'administration du château.

Suzerain : seigneur qui a des vassaux sous son autorité.

Tournoi : combat de groupes entre chevaliers.

Vassal : seigneur qui jure fidélité à un seigneur plus important.

Vavasseur : vassal d'un seigneur qui est lui-même vassal.

Vilain : paysan ; ce mot désigne de façon plus large un homme de basse condition ou un homme méprisable.

Yvain, le Chevalier au lion

Table des illustrations

Couverture : Yvain secourant le lion. Miniature à la peinture extraite du manuscrit *Yvain, le Chevalier au lion*, vers 1320-1330, BnF, Paris, © BnF.

Page 4 : © BIS / Ph. Coll. Archives Larbor.

Page 5 : Tournoi de Camelot. Miniature à la peinture extraite du manuscrit *Tristan en prose*, 1463. BnF, Paris. © BIS / Ph. Coll Archives Nathan.

Page 6 : Portrait de Chrétien de Troyes dans son studio de travail, extrait de *Perceval le Gallois*, 1530. BnF, Paris. © Archives Nathan.

Page 11 : © BnF.

Page 14 : © BIS / Ph. Coll. Archives Bordas.

Page 15 : Casque et armoiries d'Yvain, miniature à la peinture, fin xve siècle. BnF, Paris. © BnF.

Page 28 : © BnF.

Page 41 : BIS / Collection Archives Larbor.

Page 77 : © BIS / Ph. Coll. Archives Nathan.

Page 83 : © BIS / Ph. Coll. Archives Nathan.

Page 96 : © Princeton University Library, États-Unis.

Page 111 : © Princeton University Library, États-Unis.

Page 153 : © Princeton University Library, États-Unis.

Page 166 : © BnF.

Page 175 : Combat entre le chevalier Calogrenant et Esclados le Roux. Miniature à la peinture (détail) extraite du manuscrit *Yvain, le Chevalier au lion*, vers 1320-1330. BnF, Paris. © BIS / Ph. Coll. Archives Nathan.

Page 181 : Le jardin des plaisirs. Miniature à la peinture extraite du manuscrit *Le Roman de la Rose*, fin du xve s. The British Library, Paris. © Leemage/British Library/Robana.

Page 185 : © BIS / Ph. Coll. Archives Bordas.

Page I (et page 64) : © BnF.

Page II (et page 93) : © BIS / Ph. Coll. Archives Larbor.

Page III (et page 133) : En haut à gauche : Yvain trouve Lunete emprisonnée dans la chapelle puis Yvain reprend son chemin à la recherche d'un gîte. En haut à droite : combat d'Yvain et du géant Harpin de la montagne. En bas : Yvain secoure Lunete puis prend congé d'elle. Miniature à la peinture extraite du manuscrit *Yvain, le Chevalier au lion*, vers 1320-1330, BnF, Paris. © BIS / Ph. Coll. Archives Nathan.

Page IV (et page 171) : En haut à gauche : Yvain arrive au château de Pire Aventure ; en haut à droite : Yvain et les trois cents prisonnières. En bas à gauche : le lion d'Yvain s'échappe de sa prison pour aider Yvain à combattre les deux démons. En bas à droite : combat d'Yvain et de Gauvain, puis les deux chevaliers se reconnaissent. Miniature à la peinture extraite du manuscrit *Yvain, le Chevalier au lion*, vers 1320-1330, BnF, Paris. © BnF.

Ce livre est imprimé sur du papier issu de forêts gérées durablement.

Conception graphique : Julie Lannes
Design de couverture : Élise Launay
Illustrations (pp. 12-13) : Buster Bone
Carte (p. 16) : Afdec
Recherche iconographique : Gaëlle Mary
Mise en page : ScienTech Livre
Édition : Marjorie Marlein
Fabrication : Marine Garguy

N° édition : 10292971 - Dépôt légal : janvier 2020
Imprimé en France en mai 2023 par la Nouvelle Imprimerie Laballery - N° 304503

La Nouvelle Imprimerie Laballery est titulaire de la marque Imprim'Vert®

COLLÈGE

- **73. Balzac**, *Adieu*
- **65. Bédier**, *Le Roman de Tristan et Iseut*
- **51. Courteline**, *Le gendarme est sans pitié*
- **38. Dumas**, *Les Frères corses*
- **71. Feydeau**, *Un fil à la patte*
- **67. Gautier**, *La Morte amoureuse*
- **1. Homère**, *L'Odyssée*
- **29. Hugo**, *Le Dernier Jour d'un condamné*
- **2. La Fontaine**, *Le Loup dans les Fables*
- **3. Leprince de Beaumont**, *La Belle et la Bête*
- **10. Maupassant**, *Boule de suif*
- **26. Maupassant**, *La Folie dans les nouvelles fantastiques*
- **43. Maupassant**, *4 nouvelles normandes (anthologie)*
- **62. Mérimée**, *Carmen*
- **11. Mérimée**, *La Vénus d'Ille*
- **68. Molière**, *George Dandin*
- **7. Molière**, *L'Avare*
- **23. Molière**, *Le Bourgeois gentilhomme*
- **58. Molière**, *Le Malade imaginaire*
- **70. Molière**, *Le Médecin malgré lui*
- **52. Molière**, *Le Sicilien*
- **36. Molière**, *Les Fourberies de Scapin*
- **28. Musset**, *Il ne faut jurer de rien*
- **6. Nicodème**, *Wiggins et le perroquet muet*
- **21. Noguès**, *Le Faucon déniché*
- **59. Perrault**, *3 contes (anthologie)*
- **8. Pouchkine**, *La Dame de pique*
- **12. Radiguet**, *Le Diable au corps*
- **39. Rostand**, *Cyrano de Bergerac*
- **24. Simenon**, *L'Affaire Saint-Fiacre*
- **9. Stevenson**, *Le Cas étrange du Dr Jekyll et de M. Hyde*
- **54. Tolstoï**, *Enfance*
- **61. Verne**, *Un hivernage dans les glaces*
- **25. Voltaire**, *Le Monde comme il va*
- **53. Zola**, *Nantas*
- **42. Zweig**, *Le Joueur d'échecs*
- **4.** *La Farce du cuvier* (anonyme)
- **37.** *Le Roman de Renart* (anonyme)
- **5.** *Quatre fabliaux du Moyen Âge* (anthologie)
- **41.** *Les textes fondateurs* (anthologie)
- **22.** *3 contes sur la curiosité* (anthologie)
- **40.** *3 meurtres en chambre close* (anthologie)
- **44.** *4 contes de sorcières* (anthologie)
- **27.** *4 nouvelles réalistes sur l'argent* (anthologie)
- **64.** *Ali Baba et les 40 voleurs*

LYCÉE

- **33. Balzac**, *Gobseck*
- **60. Balzac**, *L'Auberge rouge*
- **47. Balzac**, *La Duchesse de Langeais*
- **18. Balzac**, *Le Chef-d'œuvre inconnu*
- **72. Balzac**, *Pierre Grassou*
- **34. Barbey d'Aurevilly**, *Le Bonheur dans le crime*
- **32. Beaumarchais**, *Le Mariage de Figaro*
- **20. Corneille**, *Le Cid*
- **56. Flaubert**, *Un cœur simple*
- **49. Hugo**, *Ruy Blas*
- **57. Marivaux**, *Les Acteurs de bonne foi*
- **48. Marivaux**, *L'Île des esclaves*
- **19. Maupassant**, *La Maison Tellier*
- **69. Maupassant**, *Une partie de campagne*
- **55. Molière**, *Amphitryon*
- **15. Molière**, *Dom Juan*
- **35. Molière**, *Le Tartuffe*
- **63. Musset**, *Les Caprices de Marianne*
- **14. Musset**, *On ne badine pas avec l'amour*
- **46. Racine**, *Andromaque*
- **66. Racine**, *Britannicus*
- **30. Racine**, *Phèdre*
- **13. Rimbaud**, *Illuminations*
- **50. Verlaine**, *Fêtes galantes, Romances sans paroles*
- **45. Voltaire**, *Candide*
- **17. Voltaire**, *Micromégas*
- **31.** *L'Encyclopédie* (anthologie)
- **17.** *L'Homme en débat au XVIIIe siècle* (anthologie)
- **16.** *Traits et portraits du XVIIe siècle* (anthologie)